Bülent Rauf

Die Perle in der Hyazinthe
Innere Lehren aus der Essenz des Sufismus

Bülent Rauf

Die Perle in der Hyazinthe

Innere Lehren aus der Essenz des Sufismus

Aus Briefen an
Reshad Feild und andere

Aus dem Englischen
von Robert Cathomas und
Helga Jacobsen

Chalice Verlag

Die Originalausgabe erschien
bei Bülent Rauf Books 2021
unter dem Titel *Letters – Extracts from the Correspondence of Bülent Rauf*

Deutsche Erstausgabe

Umschlagbild: Adobe Stock / KseniyaK
Frontispiz Seite 2: John Seymour
Frontispiz Seite 127: Reshad Feild

Buchgestaltung: Robert Cathomas
Herstellung: BoD – Books on Demand GmbH
Printed in Germany

ISBN 978-3-942914-57-4

Inhalt

»Ach! Es gibt doch auch
so viel Gnade auf unserem Weg,
und das ist Seine *dschamāl* [Schönheit]!«

»Zitiere meine Briefe
und die Teile daraus, die du möchtest,
wem auch immer du willst.«

Vorbemerkung der englischen Herausgeberin

Dieses Buch widme ich dem Beshara Trust, dessen Berater Bülent Rauf war, zur Feier seines fünfzigjährigen Bestehens. Sichtung, Auswahl und Präsentation des hier vorgelegten Materials waren für diejenigen unter uns, die an diesem Projekt mitarbeiteten, eine wundervolle Reise – eine, woran sich nun alle, die Bülent begegnet sind, erfreuen können. Gleichzeitig sind diejenigen, die sein Werk gerade erst kennenlernen, mit diesem Buch eingeladen, an seiner großen Weisheit teilzuhaben.

Wir sind John Mercer sehr dankbar für seinen Vorschlag, eine Zusammenstellung von Bülents Briefen herauszugeben. John war der erste der verschiedenen ursprünglichen Empfänger dieser Briefe, der uns Kopien überließ, und so danke ich ihm wie auch den späteren Einsendern, die zu der vorliegenden Sammlung beigetragen haben, indem sie uns ihre Briefe zur Verfügung stellten.

Nicht zustande gekommen wäre dieses Buch ohne die Großzügigkeit von Robert Cathomas und Helga Jacobsen vom Chalice Verlag, die mit uns die vielen Briefe teilten aus Reshad Feilds Privatarchiv, dessen Bewahrer sie sind. Unverzichtbar waren auch die Fähigkeiten, die Geduld und die Hingabe von Judy Kearns sowie Elizabeth und Kim Roberts bei der Auswahl und Redaktion.

Danken will ich auch Iskander, Julia und Jemila Alpan, Emine und Avi Abadi, Sid Cass sowie allen Menschen am Chisholme Institute.

»Die Anstrengung stammt von uns, der Erfolg kommt von Gott.«

Meral Arim
Gloucestershire 2021

Vorbemerkung der deutschen Übersetzer

Wir danken Meral Arim, Bülent Raufs Nichte entfernteren Grades und Inhaberin seiner literarischen Rechte, für ihre Erlaubnis zur Publikation dieser deutschen Übersetzung ausgewählter Auszüge aus seiner Korrespondenz.

Das Redaktionsteam der englischen Originalausgabe entschied sich, die Auszüge aus den Briefen in der Reihenfolge ihres Eintreffens, ohne Nennung von Empfänger und Verfassungsdaten, wiederzugeben. Für diese deutsche Ausgabe haben wir die Texte thematisch geordnet. Zudem haben wir sie um eine Handvoll uns wichtig erscheinender Passagen aus weiteren Briefen von Bülent an Reshad Feild ergänzt, der in der Entstehungsphase von Beshara beim Aufbau der ersten Studienzentren maßgebliche Verantwortung trug. Aus seinem engen Verhältnis zu diesem Schüler erklärt sich denn auch der beinahe väterlich freundschaftliche Ton der Ermutigung, mitunter aber auch des Tadels in Bülents Worten. Die Briefe an Reshad haben wir als solche kenntlich gemacht und deren Daten, soweit sie ausfindig zu machen waren, angegeben. Wo immer wir dies als geboten erachteten, haben wir Hintergründe, die sich Außenstehenden möglicherweise nur schwer erschließen, in Fußnoten erläutert.

Sämtliche Briefauszüge sind so redigiert, dass sie sich zusammenhängend und flüssig lesen; auf die Kenntlichmachung kleinerer Auslassungen wurde aus diesem Grund verzichtet. Erklärende Ergänzungen sind konsequent in eckigen Klammern gesetzt; runde Klammern stammen immer von Bülent selbst.

Die sufischen Fachbegriffe, die Bülent in seinen Briefen meist in ihrer arabischen, teils in der türkischen Form gebrauchte (und deren englische Transliteration beim Abtippen auf der Schreibmaschine recht uneinheitlich gehandhabt wurde) geben wir konsistent in der vereinfachten arabisch-deutschen Umschrift wieder.

Robert Cathomas & Helga Jacobsen
Xanten 2022

Vorwort
von Simon Blackwood

Es war im Jahr 1972, als ich Bülent Rauf auf der Swyre Farm, in der Nähe von Aldsworth in Gloucestershire, vorgestellt wurde. Damals war ich Student des zweiten Neunmonatskurses an John G. Bennetts »Akademie für lebenslanges Lernen« im nahegelegenen Sherborne House. Der erste Eindruck von Bülent war der eines Menschen, der sofort das Augenmerk auf sich zog, und dies nicht bloß aufgrund seiner physischen Präsenz, sondern auch, weil seine Aufmerksamkeit und Ehrerbietung dem jeweiligen Gesprächspartner gegenüber noch in der trivialsten Konversation zu spüren waren. Diese Empfindung verflüchtigte sich nie mehr, auch nicht in den Folgejahren, in denen ich das Glück hatte, ihn bis zu seinem Tod im Jahr 1987 einen »Freund« nennen zu dürfen. Alle, denen er begegnete, beeindruckte er durch seine unbeschreibliche Weisheit, die indes immer einherging mit Demut, Achtung und Humor.

Indem Bülent jeder Situation den »erlesensten Geschmack« entlockte, schöpfte er auch immer das Größtmögliche daraus. Er zeigte vorbildlich, wie ein Gespräch ohne Vorurteile und Entzweiung in einer sich immer weiter ausdehnenden Suche nach der Wahrheit zum springenden Punkt oder Kern der Sache gelangen kann. In seiner Gegenwart zu sein, war insofern immer ein Privileg, als dass die Unterhaltung erstaunliche imaginative Höhen erreichen konnte, an denen teilzuhaben, geschweige denn, sie zu verstehen, man nie zu träumen gewagt hatte. Doch so außergewöhnlich der erreichte Gipfel auch erscheinen mochte, damit einher ging immer die Ermahnung, dass dies nicht alles war. Insbesondere solange man noch ein Gramm an Ichbezogenheit zurückbehielt. Jeder Diskurs galt »Ihm«, dem *einen* absoluten Dasein, »ohne das es nichts gibt«. Der einzige Beweggrund für ein derartiges Gespräch war die Liebe zur Schönheit und das Wissen, das letztendlich auf diesem Pfad errungen wird, wenn die Absicht nicht mehr den geringsten Anflug selbstsüchtigen Verlangens einschließt. Es schien und ist tatsächlich oft ein schwieriger Weg.

Diese Briefe sind an Menschen gerichtet, die Bülent um Rat gebeten hatten. Er antwortete immer, egal, was und wie die Leute ihn fragten, wobei er darauf hinwies, dass er kein Lehrer sei. Dies wiederholte er oft und lehnte es ab, als Scheich oder Guru betrachtet zu werden. Und doch wollte er uns alle wachsen sehen und das Potenzial erkennen lassen, das im Wesen des Menschseins liegt. Dieses förderte er auf jede erdenkliche Weise: durch die Erörterung der erhabensten spirituellen Vorstellungen bis hin zu vertrautesten und konkreten Belangen wie Nahrung und Kochen. Welche Begabung jemand auch immer besaß, Bülent unterstützte sie. Hatte jemand ein besonderes Talent für die Essenszubereitung, die Tierhaltung, die Gartengestaltung, die Möbelherstellung oder den Handel, förderte er dies und so war er uns allen ein wahrer Freund.

Seine Enttäuschung, die in einigen dieser Briefe mitschwingt, bezog sich stets auf den Mangel an »Bewusstsein«, nicht auf die Unfähigkeit des Korrespondenten. Mir schien, dass er immer etwas Besseres, etwas Größeres für uns wollte, das er uns irgendwie auch zutraute.

Das Beshara, von dem er sprach, lässt sich niemals auf die eine oder andere Art abschließend definieren, sodass der oder die Suchende, unbeeinträchtigt von Glauben oder Dogma, selbst zur Wahrheit gelangen muss.

In Brief 84 antwortet er dem Fragesteller: »*Beshara* meint eigentlich eine Ankündigung eines bevorstehenden freudigen Ereignisses, eine Neuigkeit, welche die Augen zum Leuchten bringt.«

Mit Bülent zusammen zu sein, fühlte sich stets an wie die Geburtsstunde eines weiteren schönen Kapitels in diesem wunderbaren Leben, das uns so großzügig geschenkt wurde. Bei der Lektüre dieser Briefe scheine ich diesem Menschen erneut gegenüberzusitzen.

Dezember 2020

Die Perle in der Hyazinthe

—

Tausend Dank für den Brief. Schändlicherweise habe ich den vorangegangenen nicht beantwortet. Wir werden später in diesem Schreiben noch darauf zurückkommen, weshalb mein scheinbares Aufschieben vielleicht dennoch entschuldbar ist. Doch erst einmal will ich mich beeilen zu sagen, dass mir dein starker Brief gefallen hat: Er ist nicht ungerecht und er steht im Einklang mit der Kraft, die es braucht, das Instrumentarium des *Qawī* [des Starken; ein Gottesname] handzuhaben. Unter keinen Umständen kann Er, die Schönheit, Schwäche dulden. Du musst daher nicht um Entschuldigung bitten, solch einen Brief geschrieben zu haben. Es spielt noch nicht einmal eine Rolle, ob einige Leute sich irrten oder einfach nicht konsequent waren; vielmehr ist er doch ein Verweis auf das Zitat von mir, das du am Ende deines Briefes anführst, und daher ist er eine natürliche Konsequenz des Ganzen. Also danke ich dir und brauche nicht vorwegzunehmen, dass dieser Antwortbrief mit meiner Liebe enden wird.

Ich will dir auch danken für deine Beschreibung der Magnolien, Kamelien, Narzissen und Hyazinthen mit der Perle darin,* bevor ich dir von einigen Neuigkeiten erzähle, die im Zusammenhang mit dem Landerwerb hier stehen,** der erstaunlich zufriedenstellend vorangeht; allerdings sollten wir über Sein Werk nicht erstaunt

* Das Bild der Perle in der Hyazinthe ist eine typische Erscheinungsform der Schönheit. Für jene, deren angeborene Sensibilität Bülent zu fördern versuchte, illustriert das Öffnen der Blume das Schönheitsempfinden am trefflichsten. Darauf folgt eine tiefe Liebe zum Duft. Dann erhebt für jene, die mit einer solchen Schau gesegnet sind, ein Blick auf die in der Blüte versteckte Perle aus Tau, deren Wesen so flüchtig ist, diese Liebe zu einem Höchstmaß. Der Augenblick ihres Bezeugens ist der Augenblick ihres Verschwindens. Das Sonnenlicht öffnet die Blüte, setzt den Duft frei und lässt die Perle verdunsten. So ergeht es auch dem Herzen der oder des Gottesliebenden.

** Bülent bezieht sich hier auf den Kauf des schönen ländlichen Anwesens Chisholme House in den Scottish Borders, achtzig Kilometer südlich von Edinburgh, im Jahr 1979. Ein Jahr davor war die Swyre Farm in Gloucestershire, das erste, von Reshad Feild – im Auftrag von Bülent – aufgebaute und (bis zu seinem Weggang 1974) geleitete Beshara-Zentrum, verkauft worden. Der Erlös wurde

sein: Einige Hektar Land sind gekauft, ein paar Übertragungsurkunden unterzeichnet und die Bank hat das notwendige Darlehen schnell gesprochen – oh, Wunder über Wunder!

Nun, das reicht für heute, denn ich möchte, dass dieser Brief so schnell wie möglich bei dir eintrifft. Gott liebt die Starken und die Mutigen. Euch allen und dir: Liebe.

Der beste Ränkeschmied

AN RESHAD, 5. OKTOBER 1971

Ich bin sehr zufrieden mit Beshara, obwohl immer wieder Komplikationen hereinströmen, die den Frieden und die Ruhe und vor allem das Vertrauen stören. Hab Vertrauen, denn, wie du ja weißt, liegt alles in den Händen von *Hū* [Ihm], und Er allein schmiedet Ränke, wie es Ihm am besten passt. Möge Er freundlich sein, und mögen Latif, Wahhab und Wasi sich alle an Ihn wenden,* wenn sie in Schwierigkeiten geraten.

Geschichte vom heiligen Mann und dem Mongolen

AN RESHAD, 6. NOVEMBER 1971

Warum willst du [auf der Suche nach finanziellen Mitteln für Beshara] eine Gruppe von Millionären zahlen lassen? Selbstverständlich wird das schiefgehen. Hier eine wahre Geschichte: Ein sehr heiliger Mann (der den Zeitpunkt seines Todes kennt) wird von einem mongolischen Soldaten gefangen genommen, gefesselt und verschleppt, um ihn als

vom Beshara Trust in den Kauf des Anwesens in Schottland investiert, wo Bülent seinen Wohnsitz nahm, die Gründung des Chisholme Instituts initiierte und nach seinem Tod im Jahr 1987 seine letzte Ruhestätte fand.

* Bülent gab seinen Studenten und Studentinnen mitunter arabische Übernamen, die den schönsten Gottesnamen entlehnt waren. In diesem Fall *al-Laṭīf* (der Feine), *al-Wahhāb* (der Geber) und *al-Wāsiʿ* (der oder die Allgegenwärtige). Vergleiche auch Brief 61.

Sklaven zu verkaufen. Unterwegs begegnen sie einem langjährigen, wohlhabenden Freund des Heiligen, der dem Mongolen eine große Summe anbietet, damit dieser den Gefangenen an ihn verkauft. Der Heilige flüstert: »Akzeptiere das Angebot nicht, ich bin viel mehr wert als das.« Sie gehen weiter und treffen einen anderen Freund des Heiligen, der noch vermögender ist und eine riesige Summe in Aussicht stellt. Der Heilige flüstert: »Nimm das Angebot nicht an, ich bin viel wertvoller als das.« So gehen sie weiter und begegnen einer alten Frau mit zwei Säcken Heu auf ihrem Rücken. Sie sagt, sie verfüge über kein Geld, alles, was sie habe, seien die Heusäcke, die sie im Austausch für den Gefangenen anbietet. Der Heilige sagt: »Verkauf mich an sie, diesen Betrag bin ich wert.« Nun, die Geschichte geht so weiter, dass der Soldat den Heiligen tötet, jedoch hält dessen Hand das Haar des Soldaten fest umklammert et cetera. Aber mir geht es hier um die Begebenheit des Verkaufs.

Erbitte [von den Leuten, und sie werden dir] alles geben, was sie haben – genauso hat Beshara angefangen! Sauber, ehrlich, lauter und schön. Unrechtmäßig erworbene Millionen haben keinen Platz in seinem Gefüge. Gier vergiftet, und die Enttäuschung beim Geldscheffeln hat auf dieser Welt schon viele vergiftet. Doch Gott ist der beste aller Versorger! Wie kann dies je in Vergessenheit geraten?

Gott helfe dir und beschütze dich, lieber Reshad. *Wa min Allāhu tau'fīq* [Aller Erfolg kommt von Gott].

Geschichte von Hadschī Bektāsch Walī und Rūmī

AN RESHAD, 27. JANUAR 1972

Lass mich dir die Geschichte von Hadschī Bektāsch Walī erzählen, der seinen Sitz in der kleinen, südöstlich von Konya gelegenen Stadt Hacıbektaş hatte und noch immer hat. Er ist einer der ganz großen *walī*s [Heiligen] dieser Welt; möge sein *himma* [geistiges Streben] auf alle Zeiten bei uns sein. Statt in ihm das Licht zu sehen, das er auf seine ganz besondere Art und Weise verkörperte, begannen seine Freunde und Anhänger, so wie es Anhänger nun einmal tun, ihn mit einem anderen [Zeitgenossen] zu vergleichen, der ebenfalls ein großes Licht von majestätischer Schönheit war: Sein Name lautete Dschalāl ad-Dīn,* und dies ist von Bedeutung. Er lebte in Konya.

Eines Tages, oder vielmehr eines Nachts, hatte Hadschī Bektāsch Walī (Gott hat sein Geheimnis gesegnet) einen Traum. Er sah sich in Schönheit und Stärke gekleidet. Da fiel ihn ein Löwe an, packte ihn an der Kehle und sagte etwas in dem Sinne, dass es zwischen ihnen keinen Vergleich von Macht oder Stärke und so weiter geben dürfe, denn falls es dies gäbe, werde er, der Löwe, ihm die Kehle herausreißen. Daraufhin verbot Hadschī Bektāsch Walī seinen Gefolgsleuten, Freunden und Anhängern, sich in irgendwelchen weiteren Vergleichen zwischen ihm und Rūmī zu ergehen. Wer über die Macht eines Löwen verfügt, kann auch ein guter, beschützender, gütiger und liebevoller Freund sein.

Rūmī und Qunāwī

AN RESHAD, 9. UND 30. MAI 1973

Erinnere dich: Maulānā Rūmī hatte es sich zur Gewohnheit gemacht, Ṣadr ad-Dīn Qunāwī** zu besuchen, um ihm zuzuhören. Eines Tages lud Qunāwī Rūmī ein, zu ihm zu kommen und neben ihm auf dem *post* zu sitzen (auf dem [roten] Schaffell, auf dem der Scheich zu sitzen pflegt). Rūmī sagte: »Zwei Scheichs können nicht auf demselben *post* sitzen«, worauf Ṣadr ad-Dīn den *post* ergriff, auf dem er saß, und ihn mit den Worten wegschleuderte: »Wenn dem so ist, brauche ich den hier nicht mehr!«

Nun höre aufmerksam zu: Ibn ʿArabī ist das *ḫātam al-auliyāʾ al-Muḥammadīya* (das Siegel der mohammedanischen Heiligen), wie er selbst sagt, und [wie er ebenfalls sagt] der letzte Silberstein in der Mauer, der diese vollendet.*** Und was geschieht dann? Folgen-

* *Dschalāl* bedeutet »majestätisch«.

** Zu Qunāwī siehe Fußnote Seite 22.

*** Bülent bezieht sich hier auf einen Traum Ibn ʿArabīs, über welchen dieser schrieb: »Ich sah, dass die Kaaba aus abwechselnd gesetzten silbernen und goldenen Steinen gebaut war. Der Bau war abgeschlossen, und es gab nichts hinzuzufügen. Ich betrachtete sie und bewunderte ihre Schönheit. Dann wandte ich mich zu der Seite zwischen der jemenitischen und der syrischen Ecke, nahe bei der syrischen Ecke. Ich bemerkte, dass dort, in zwei Reihen der Wand, zwei Steine fehl-

des: Die *wilāya* (Heiligkeit) wird weitergegeben an die *'Īsāwīya,* an die Neigung und den Charakter des Jesus'schen, das seine Sublimierung in Rūmī findet. Wenn also Ṣadr ad-Dīn Qunāwī seinen *post* wegwirft, bedeutet dies, dass er seine Hand an Rūmī weitergegeben hat.* Warum ist das notwendig? Weil es im zweiten Zyklus der Menschheit zu einer Konfrontation kommen wird zwischen denjenigen, die wissen, und jenen, die nicht wissen wollen.** Wer wird den Übergang in den zweiten Zyklus der Menschheit vorbereiten? 'Īsā (Jesus). Und wie? Indem eine Zusammenkunft aller Träger [oder: Bewahrer] von Wissen und Glauben vorbereitet wird, kurz gesagt, eine Vereinigung. Auf welcher Ebene? Auf der inneren Ebene (das ist es, wovon Ibn 'Arabī spricht). Ist irgendeine Art von *wilāya* (Heiligkeit) möglich, ohne dass Ibn 'Arabīs Wissen vor oder nach ihm weitergegeben wird? Nein. Jegliche *wilāya,* egal zu welcher Zeit oder in welcher Gegend, vollzieht sich immer, wirklich immer, durch die Unterweisung in Ibn 'Arabī, durch das, was er uns hinterlassen hat (*Die neunundzwanzig Seiten* und die *Fuṣūṣ al-ḥikam*)*** und [was er auch] Ṣadr ad-Dīn Qunāwī hinterlassen hat, damit dieser, als er seinen *post* wegwarf, es an jenen weitergeben konnte – nämlich Rūmī, der aus der Linie der *'Īsāwīya*-(Jesus-)Tradition stammt.

—

Die »Hand« ist an Rūmī übergegangen, der von da an der größte Exponent der Liebe sein sollte, welche die Tradition von Jesus ist.

ten, ein goldener und ein silberner. Der fehlende goldene Stein war in der oberen Reihe, der silberne in der unteren. Ich sah, wie ich an die Stelle dieser beiden Steine gesetzt wurde.« Zitiert aus Stephen Hirtenstein: *Der grenzenlos Barmherzige: Das spirituelle Leben und Denken des Ibn 'Arabī,* Xanten: Chalice Verlag, 2008, Seite 235. Hirtenstein erläutert dazu ebenda: »Wie Ibn 'Arabī an anderer Stelle erklärt, entspricht der silberne Stein seiner äußeren Erscheinung, was völlig mit den Gesetzen des Siegels der Propheten [das heißt Mohammeds] übereinstimmt, während der goldene Stein seiner inneren Natur entspricht, die in völliger Übereinstimmung mit Gott, ohne Vermittler, ist.«

* Das Weitergeben der »Hand« symbolisiert die Übertragung der Autorität.

** Vergleiche auch Briefe 7, 9 und 95; sowie Reshad Feild: *Die letzte Schranke,* Xanten: Chalice Verlag, 2014, Seite 170 ff; und derselbe: »Die beiden Konfrontationen und der Sieg« in *Gesammelte Werke,* Band III, Xanten: Chalice Verlag, 2016, Seiten 1647–1656.

*** Zwei wichtige Schriften über und von Ibn 'Arabī. »Die neunundzwanzig Seiten« finden sich in Muḥyīddīn Ibn 'Arabī: *Der verborgene Schatz,* Zürich: Chalice Verlag, 2006, Seiten 63–126. Die *Fuṣūṣ al-ḥikam* finden sich in: Muḥyīddīn Ibn 'Arabī: *Die Weisheit der Propheten,* Zürich: Chalice Verlag, 2005.

Auf diese Art wird die Liebe jeden Tag bis ins Heute überliefert. Hättest du deine *Neunundzwanzig Seiten* aufmerksam gelesen, könntest du gar nicht anders, als dich daran zu erinnern, dass die letzte Seite (oder ungefähr die letzte Seite) von der Liebe handelt. Wie also hätte Ibn 'Arabī die Liebe *nicht* erwähnen können, aber irgendein Ägypter, der später kam, davon sprechen können? Haben Bāyazīd Bisṭāmī, dessen Mausoleum sich im Iran befindet, und [Abū Ḥafṣ 'Umar al-]Suhrawardī – er und Ibn 'Arabī verneigten sich wortlos voreinander –,* nicht beide die Liebe erwähnt? Und worin erreicht die Liebe ihren Höhepunkt? Du musst dich daran erinnern, all deine Wissenspartikel miteinander zu verbinden! Wende dich nochmals deinen *Neunundzwanzig Seiten* zu und du wirst erkennen, dass *dschamāl* [Schönheit] Liebe und / oder Liebe *dschamāl* ist. »Denn Er ist in der Tat schön und liebt das Schöne!«

—

Rūmī sprach persisch, und seine Anhänger verwenden ein persisches Wort (das auf Türkisch gleich lautet), das sie zu jedem Moment des Tages wiederholen, wann immer sie können und egal, was sie auch gerade tun mögen. Man kann nicht sagen, dass dies ein *dhikr* [Gottgedenken] ist, allerdings ist es, wenn auch auf andere Weise, ein wunderschönes Erinnern ([auch das bedeutet] *dhikr*). Es handelt sich um das Wort *dost* (Freund, Liebhaber) und es wird »dooost« ausgesprochen. Es ist lieblich und schön und, ach, so erfreulich, es auszusprechen und zu wissen, dass *Hū* [Er] dein ständiger *dost* ist. Da *Hū* das Absolute ist, kann es nur der *dost* von Ihm sein, und indem du es wiederholst, bist folglich du Sein eigener *dost* und du bist nichts anderes als Er, außerhalb Dessen es nichts gibt, und nicht Er, sondern Sein *dost,* der nicht außerhalb Seiner ist.

Dieses »dooost« unablässig zu repetieren, will ich dir schon seit einiger Zeit auftragen; und gib es auch jenen Menschen auf, die

* Vergleiche dazu STEPHEN HIRTENSTEIN: *Der grenzenlos Barmherzige,* Seite 208, Fußnote 33: »Einem jemenitischen Sufi zufolge trafen sich die beiden Männer persönlich, obwohl dies durchaus eine Legende sein kann. ›Er [Ibn 'Arabī] hatte eine Begegnung mit dem Lehrer Suhrawardī. Die beiden Männer verneigten sich eine Weile schweigend voreinander und gingen dann wortlos auseinander. Scheich Ibn 'Arabī wurde dann nach seiner Meinung über Suhrawardī befragt, worauf er antwortete: »Er ist von Kopf bis Fuß von der Norm des Propheten durchdrungen.« Als Suhrawardī nach seiner Meinung über Ibn 'Arabī befragt wurde, sagte er: »Er ist ein Ozean Göttlicher Wirklichkeiten«‹ (*Futūḥāt al-Makkiyya* IV:560)«.

ihren Unterricht dank Gottes Gnade durch dich erhalten. Jenes *dhikr,* das dich [Hasan] Şuşud gelehrt hat, ist dasselbe, das sie auch bei Bennett rezitieren.* Es ist ein ausgezeichnetes *dhikr* und es hat die Eigenschaft des »Sich-Einverleibens« des manifestierten *Hū,* so als ob Er eingeladen würde, einzutreten und an dem einzigen geschaffenen Ort zu wohnen, von dem Er sagt, dass er Ihn zu fassen vermöge: dem Herzen. Übe dies unbedingt; allerdings darf anderes dabei nicht in Vergessenheit geraten, wie etwa die *wazīfa*s** und *«Hū Allāh»* oder *«Allāh Hū»,* weil *Hū* das ist, was wir sind und wonach wir streben, weil wir uns danach sehnen, Seine *dschamāl* (Schönheit) zu erkennen. Ach, es gibt so viel Gnade auf unserem Weg, der Seine *dschamāl* ist!

Die goldene Kette unserer Linie

AN RESHAD, 4. JULI 1973

Wir beginnen bei Uwais al-Qaranī, ʻAbd al-Qādir al-Dschīlānī und Muḥyīddīn Ibn ʻArabī und gelangen mit Hilfe von Chidr zu Rūmī, der von der Linie der Universalen Heiligkeit ist, deren Prototyp Jesus darstellt – wobei ich mit den Worten »von der Linie« so viel meine wie »gleich ausgerichtet« oder »in Einklang« oder »von vergleichbarem Potenzial« wie jene Heiligen, die Repräsentanten der Emanation sind, die als »Universale Heiligkeit« definiert wird. Jene, die hörten, was ich dort in Konya gesagt habe, also A. und sein Freund sowie jene beiden Damen und andere, verstanden allesamt das von mir Gesagte, und als du mich später fragtest, was ich ihnen gesagt hatte, wiederholte ich den obigen Satz wortwörtlich, außer dass ich

* Hasan Lütfī Şuşud (1901–1988) war einer der höchsten türkischen Sufi-Scheichs des Naqschbandīya-Ordens sowie das damalige Oberhaupt der »Meister der Weisheit«. John G. Bennett lernte ihn 1962 kennen und lud ihn im April 1972 nach England ins Sherborne House ein. Reshad besuchte ihn, auf Anweisung von Bülent, um etwa dieselbe Zeit in Istanbul und schreibt über seine Begegnung mit ihm unter anderem in *Die letzte Schranke: Ich ging den Weg des Derwischs,* Seiten 142–145. Zu Hasan Şuşud siehe auch Briefe 94 und 96.

** Eine *wazīfa* (arabischer Plural: *wazaīf*) ist eine Übung in der Form von einzelnen oder mehreren Gottesnamen, die der Schülerin oder dem Schüler vom Scheich oder der Scheicha aufgegeben werden und die täglich eine genau bestimmte Anzahl von Malen wiederholt werden müssen.

noch Ṣadr ad-Dīn Qunāwī hinzufügte, denn ohne diese Verbindung wäre Rūmī in dieser Linie nicht möglich. Das muss reichen.*

Die innere Basis aller Religionen

AN RESHAD, 17. APRIL 1972

Alle Religionen haben eine innere Basis oder Wurzel. Wenn diese religiös verfasst wird, nimmt sie die Individualität von Form und Verschiedenheit an. Doch in ihren Grundfesten, an ihrem Fundament, auf ihrer inneren Stufe, sind alle diese Religionen eins, denn die Wahrheit ist eins.

Im nächsten Zyklus der Menschheit werden sich zwei Gruppen bilden: diejenigen, die wissen, und diejenigen, die nicht wissen wollen.** Die Versammlungsplattform derjenigen, die wissen, wird auf der inneren Stufe liegen. Wir alle arbeiten an der Vorbereitung dieses kommenden Menschheitszyklus, der sich auf der inneren Ebene abspielen wird. Niemand, der gelehrt werden kann, sollte ausgeschlossen werden, außer jenen, die nicht wissen wollen und dieses Wissen in den Wind schlagen. Ein Zusammenkommen wird nicht auf der Stufe der Religionen möglich sein, weil die religiöse Form ein Unterscheidungsfaktor bleibt; auf der inneren Stufe jedoch ist es möglich. Geheimniskrämerei ist nur auf der re-

* Bülent beschreibt hier seine geistige beziehungsweise spirituelle Herkunft oder Traditionslinie (seine *silsila,* seine »goldene Kette« der Übertragung, wenn man hier den im Sufismus gebräuchlichen Fachbegriff verwenden will). Uwais al-Qaranī ist der islamische Mystiker aus dem siebten Jahrhundert, der als »erster« Sufi gilt und vom Propheten Mohammed dessen zweiten Mantel (als Ausdruck der inneren, spirituellen Nachfolge) geerbt haben soll. Im späteren Sufismus wird ʿAbd al-Qādir al-Dschīlānī (1077–1166) auch als »Pol der Macht«, Muḥyīddīn Ibn ʿArabī (1165–1240) als »Pol des Wissens« und Dschalāl ad-Dīn Rūmi (1207–1273) als »Pol der Liebe« bezeichnet. Chidr ist eine mythische Gestalt, die möglicherweise auf vorabrahamitische Wurzeln zurückgeht und in vielen spirituellen Traditionen verehrt wird; sie weist Parallelen auf zur zoroastrischen Gottheit Sorusch, zur Gestalt von Elias im Judentum und zum heiligen Georg in der christlichen Tradition, wird im Islam als »Führer von Moses« und als »Lehrer der Sufis« verstanden und taucht im keltischen Kulturkreis als »grüner Mann« auf. Ṣadr ad-Dīn Qunāwī war einer der wichtigsten Schüler sowie der Stiefsohn von Ibn ʿArabī; vergleiche dazu Brief 5.

** Vergleiche Briefe 5, 7 und 95.

ligiösen Stufe aufrechtzuerhalten; die innere Wahrheit kann vor jenen, die wissen müssen, nicht länger verborgen gehalten werden.

Bedeutung und Signifikanz der Christus-Ikone in der Kaaba

—

Ich bin untröstlich, dass ich auf deinen sehr freundlichen Brief vom Juni und das überaus gelehrte Dokument über die Kaaba (insbesondere in Bezug auf die Ikone), das du mir geschickt hast, bisher noch keine Antwort geben konnte. Ich fand es höchst aufschlussreich und spreche dir meinen unendlichen Dank aus für deine tiefschürfende Darlegung und das interessante Material betreffend des Hauses [Gottes] als Ganzem.

Ich möchte indes auf einen Punkt in Bezug auf die Ikone (die Abbildung Christi) zu sprechen kommen, nämlich auf die Tatsache, dass der Prophet, als er all die Götzenbilder aus der Kaaba hinausbefördern ließ, seine Hand auf diese eine Ikone legte.

Nun, der Punkt ist dieser: Er legte seine Hand auf die Ikone und ordnete an, dass diese nicht entfernt werden durfte. Und der Punkt im Besonderen: Warum hat er seine *Hand* auf die Ikone gelegt? Es wäre auch eine andere, gewöhnlichere Form der Zeichengebung möglich gewesen, den Gegenstand nicht zu entfernen; doch bei den Arabern ist das Auflegen der Hand auf ein Gesicht, einen Kopf, ein Zeichen der Zuneigung, der Zärtlichkeit, der Vertrautheit und vor allem der Anerkennung und Wertschätzung. Diese Handlung lenkte die Aufmerksamkeit aller auf die Ikone, doch es bleibt die Tatsache, dass der Prophet mit dieser Geste auch das Abbild bedeckte, das Gesicht der Ikonendarstellung.

Nun tendieren einige zu der Ansicht, dass er, nachdem er die Anbetung jeglicher menschlichen Abbildungen an einem Ort, welcher der Anbetung des Göttlichen vorbehalten war, verboten hatte, das Abbild Christi mit seiner Hand verdecken musste. Das jedoch ist die »äußere« Interpretation dieser Angelegenheit. Die wahre Absicht bestand darin zu verhindern, dass diejenigen, die diese Darstellung vielleicht zum ersten Mal sahen, einen Schock erleiden würden angesichts dieser bemerkenswerten [künstlerischen] Umsetzung der Gleichartigkeit von Merkmalen, oder zumindest der *frappant aire de famille* (auffälligen Familienähnlichkeit), oder kurz gesagt: ihrer unübersehbaren Ähnlichkeit, die bei den anwesenden Betrachtern den Eindruck hätte erwecken können, dass es sich bei der Ikone um ein Bildnis des Propheten Mohammed selbst handle.

Gemäß gewissen inneren Traditionen besitzt die Bruderschaft aller Gesandten eine anerkannte metaphorische Wirklichkeit. In diesem Fall also war die Verwandtschaft der in den Himmel aufgenommenen Jungfrau mit Mohammed, egal wie weit entfernt (nämlich ganz zurück bis zum Schoß Abrahams), ein anerkannter Umstand. Es wäre ein Leichtes gewesen anzunehmen, dass der Prophet Mohammed wie Jesus aussah oder umgekehrt und dass das Abbild, das von einem der beiden geschaffen wurde, gleichermaßen den anderen hätte repräsentieren können.

Der Einschluss der Apsis in die Mauern der Kaaba durch den Propheten Mohammed ist ein weiteres Thema, das es genauer zu betrachten gilt. Hatte die Apsis einen christlichen Ursprung oder ist dies unbekannt? Denn falls es sich um eine christliche Ergänzung der Kaaba handelt (*ka'ba* stammt ab vom Wort *mu'ka''ab,* Kubus, und letzteres entspringt übrigens derselben arabischen Wurzel), dann würde die Aufnahme der Apsis in die Mauern der Kaaba diesen als bloßen Würfel schmälern, jedoch die christliche Tradition in die mohammedanische mit einschließen. Dass die Apsis später wieder ausgeschlossen wurde, könnte mit der historischen Übertünchung der Mosaiken der Hagia Sophia in Istanbul Ende des siebzehnten und Anfang des achtzehnten Jahrhunderts in Zusammenhang stehen.

Die zwei Welten

AN RESHAD, 10. NOVEMBER 1972

Nun also zu dieser Sache mit den zwei Welten (kurioserweise habe ich von X. am gleichen Tag einen Brief erhalten, in dem es um dasselbe geht!): Aber deine Inspiration berührt mehrere Ebenen. Du musst dir der Tatsache bewusst sein, dass du Menschen jetzt vorbereitest, aber du bereitest sie nicht *aufs* Jetzt vor. Du bereitest sie auf die kommende Welt vor, auf die zukünftigen Generationen, auf den kommenden zweiten Zyklus des Menschen,* der jetzt anfängt, auf die Zeit vorbereitet zu werden, wenn dieser kommt!

Auf einer anderen Ebene ist es so: Sie** sagen dir, »du sollst dir des Jetzts bewusst sein« – das bist du. Bewusst zu sein, heißt zu wissen, und »wer sich selbst kennt, kennt gewiss Gott.« Daher musst du wissen, musst dir »deiner«, so wie du *jetzt* bist, vollkommen bewusst sein. Dann sollst du dir »der kommenden Welt bewusst sein«, haben sie dir gesagt. Das bedeutet, wenn du dich selbst kennst, also Ihn kennst, ist da sofort eine andere Welt, denn du bist nur das Abbild jener Welt, die du erkennen wirst.

Auf der nächsten Stufe wird Er zu dir, und so wird die kommende Welt zum Jetzt! Dies ist die Einheit, dies ist es, wo Er zu dir wird und du als solcher nicht mehr existierst, außer dank, durch und mit Ihm. Dann sind alle Welten *eins* geworden!

Tatsächlich, mein Lieber, bist du zu beglückwünschen, dass sie sich die Mühe gemacht haben, dich auf den richtigen Weg zu bringen und dir damit ein erfreuliches Omen dessen gezeigt haben, was dich erwartet. Denn wenn alle Welten eins geworden sind, wirst du zum vollkommenen Menschen. Und wenn sie dir aufgetragen haben, das zu werden, bedeutet dies, dass sie dir gesagt haben, dass du es werden kannst und werden sollst – tatsächlich werden *musst.* Ich habe dir das schon die ganze Zeit über gesagt, aber wer hört schon auf mich. Bereits [damals] auf der Terrasse des Harem Hotels habe ich dir gesagt, du musst dich weiterentwickeln...

Ja, ich würde an Neujahr gerne nach Beshara kommen.*** Vielen Dank. Und ich würde tatsächlich auch gerne für eine Weile nach Beshara kommen, wenn du einmal selbst nicht da bist – nur zwei oder drei Tage –, um die Leute dort etwas besser kennenzulernen und mit eigenen Augen zu sehen, wie sie alle arbeiten oder vielmehr »ticken«, wenn du nicht anwesend bist. Wäre das möglich?

* Vergleiche Briefe 5, 7 und 95.

** Bülent spricht hier von einigen wichtigen Scheichs verschiedener Sufi-Orden, die Reshad auf einer Reise in die Türkei im Sommer desselben Jahres getroffen hatte.

*** Gemeint ist das erste, von Reshad und seinen Schülerinnen und Schülern 1971 auf der Swyre Farm in Gloucestershire gegründete Beshara. Bülent selbst wohnte damals noch in London.

Sprich nett und freundlich

AN RESHAD, 6. NOVEMBER 1971

Jemanden von sich abzutrennen, bedeutet, Teile von sich selbst abzutrennen (denn ganz gewiss sind wir Glieder voneinander!) – und wie könnten wir dann ganz bleiben? Vollständig? Das Abbild des Absoluten? Trenne dich von niemandem ab. Sprich nett und mit freundlichen und schönen Worten, sogar mit deinem Feind. Dann wird er, als sei er dein Freund.

»Sprich nett mit deinen Feinden und sie werden zu Freunden«

—

Ich denke, den Menschen zu gestatten, etwas [rauszulassen und es so] aus ihrem System hinauszukriegen, ist ein guter Weg, ihnen dabei zu helfen, sich zu beruhigen und andere Möglichkeiten des Ausdrucks zu wählen. Ein Vorwurf ist oftmals ein Selbstvorwurf. Eigene Defizite werden ins Unterbewusstsein weggedrückt, wo sie weiterhin lebendig sind und ihre Wirkung in Form von Schuldzuweisungen an andere zurückhallt, weil die anderen nichts weiter sind als ein Spiegel für einen selbst. Wenn wir also die Anschuldigung zulassen und mit Mitgefühl darauf reagieren, ohne diese wettzumachen und ohne Selbstgefälligkeit und ohne Herablassung, dann verweisen wir den Vorwurf an seine Quelle zurück und vergeben sozusagen. Vielleicht verstehen wir sogar, woher der Vorwurf kommt. Bei einem kranken Menschen gehen diese Vorwürfe in der Regel von den Schmerzen aus, unter denen diese Person leidet, und von einem gewissen Maß an unterdrückter Verzweiflung.

Dem anderen zu vermitteln, dass man ihn »versteht«, zeugt definitiv von Mitgefühl. In solchen Fällen ist es fast unvermeidlich, dass sich Feindseligkeit in Wertschätzung und Freundschaft verwandelt. Es gibt jenen Rat Gottes an Seinen Gesandten, in dem Er sagt: »Sprich nett mit deinen Feinden und sie werden zu Freunden.«

Glasklar ist, dass es für Herz und Verstand keine Distanz gibt, wo aufrichtige Liebe herrscht. So, wie der Kristall die Regenbogenfarben auseinanderfächert, die dem Licht innewohnen, und Es selbst zeigt, ist es dasselbe Selbst in all Seinen essenziellen Besonderheiten. Deshalb sagt Er: »Ich bin das Licht der Himmel und der Erde.« Und darum sagt auch der Prophet: »Herr, mache mich zu Licht«, denn wahre Liebe reflektiert vom wahren Herzen alles Licht, das es empfängt, und gibt es zurück – zwar als ein besonderes, aber dennoch als ein vollständiges.

Angenehme Gesellschaft

—

Gott sei mit dir bei allem, was du tust. In dem, was wir anstreben, gibt es keine Distanz. Angenehme Gesellschaft hat nicht nur über Entfernung hinweg Bestand, sondern auch über Äonen. Möge die *himma* [spirituelle Kraft, geistiges Streben] über uns kommen, egal durch welchen Kanal, aber sicherlich aus der Quelle aller *himma,* dem *Mehmet al-himmam* [Mohammed dem Strebenden]!

Austausch und Zusammensein auf dem Weg

AN RESHAD, 14. FEBRUAR 1972

Dein Tagesprogramm ist sehr gut. Nur ein Vorschlag, wenn ich darf (auch wenn er dir weitere Mühen auferlegt): Ist eine Lehrstunde von acht bis neun Uhr morgens ausreichend? Ich frage mich, ob du nicht die Nachmittagsarbeit, sagen wir, um eine halbe Stunde verkürzen und damit den Unterricht im Programm beschleunigen könntest. Das Lehren des Weges ist auch ein Austausch auf dem Weg, ein Zusammensein auf dem Weg, bei Tee und Freundlichkeit und Liebe, sodass sich kleine Gespräche entwickeln, die andere Menschen auf dem Weg verstehen können. Aber du weißt es am besten, schließlich ist das dein Baby!

Und ich bin niemandes Lehrer. [...] L. musste mich verlassen. Er lernt jetzt andere Dinge in Çamlıca, der arme Junge. Ich habe dir gesagt, ich bin kein Lehrer. Ihn habe ich beinahe verbrannt, aber Gott ist groß und hat es mich rechtzeitig erkennen lassen, und nun ist alles in Ordnung und bestens.

Freundlichkeit und Respekt

AN RESHAD, 30. JUNI 1974

Niemand kann Freundlichkeit und Respekt einfordern; man kann sich beides nur verdienen. Solltest du in deinem Umfeld beides vermissen, dann wende dich nach innen und frage: »Was habe ich getan?«

Gott sagt: »Wenn Ich Mein Angesicht von jemandem abwende, wird dieser Mensch denken, dass die Welt zu klein für ihn geworden ist, und er wird keinen Freund finden.« Ich hoffe, dies ist nicht geschehen. Wenn doch, ist es umso dringender, dass du dich vor Ihm niederwirst und die ganze Nacht hindurch um Seine Vergebung bittest.

Doch falls du glaubst, du bedürftest des angenehmen Eingeseift- und Verhätscheltwerdens, der Freundlichkeit und der Selbstbemitleidung, dann wisse dies: Es gibt nichts im Himmel und auf Erden, das mehr Barmherzigkeit und Mitgefühl (*Raḥmān* und *Raḥīm*) besitzt, noch größeres Mitgefühl (*Ra'ūf*), als Er. Wende dich an Ihn!

Über Schönheit nachdenken

AN RESHAD, 13. APRIL 1972

Ich bedauere, dass [die beiden] sich etwas oberflächlich mit Dingen beschäftigt haben, die den Anschein erwecken, besonders hilfreich und nützlich zu sein. Doch, wie du es so treffend ausdrückst, ist das, worauf wir aus sind, das Einssein mit dem Absoluten, das kein niederes Selbst, keine niedere Natur hat. Daher wollen wir nicht das Trennende betonen, sondern das Vereinende, nicht unsere Mängel unseres relativen Zustands hervorheben, sondern unsere positiven Eigenschaften verstärken, die unsere einzig wahre Bestimmung sind, sodass wir Tag für Tag unser Bewusstsein Seiner mehren, Der in unserem Herzen wohnen wird, in welches das Absolute tatsächlich hineinpasst.

Alle Zeit, die wir mit dem Vertreiben von Dunkelheit verbringen, ist verlorene Zeit, denn der einzige Weg, die Dunkelheit loszuwerden, ist nicht das Nachdenken über sie, sondern das Erzeugen von mehr und mehr Licht. Licht ist absolut, Dunkelheit ist der relative Mangel an Licht. Also besteht die einzige Abhilfe naturgemäß im Entzünden von mehr Licht. Lass also niemanden über anderes nachdenken als Schönheit, die Sein Angesicht ist.

Wahrheit, Schönheit und Lobpreis

AN RESHAD, 7. MAI 1972

Über all das, was in Beshara und mit dir geschieht, bin ich sehr erfreut. Gott sei Dank! »Verherrlicht sei Er, der Herr der Himmel und der Erde, der Herr der Universen; Ihm gehört alle Herrlichkeit der Himmel und der Erde, Er ist der Allerliebste und Allerweiseste.«

Als du mir von den Kindern erzählt hast, wie sie all die Steine wuschen und diese dann unaufgefordert weihten, verneigte ich mich zum Lobpreis und in Dankbarkeit für Seine Freigebigkeit, all dies sehen zu dürfen, und für die Größe Seiner Schönheit, die Er uns wahrnehmen lässt. Doch hört es damit nicht auf. Seine großartige Schönheit kennt kein Ende. Und wir sollten nicht aufhören, Seine Güte, uns daran teilhaben zu lassen, zu loben. Ich kann nur sagen, dass ich dir dafür sehr dankbar bin, dass du mich von solchen Ereignissen unterrichtest, die mich mit höchster Zufriedenheit und Glück erfüllen. Und alles, wofür ich beten kann, ist, dass es Ihm in Seiner Großartigkeit gefallen möge, mich mehr von Seiner Schönheit sehen und mich ausdauernder Seines niemals endenden und alleinigen Daseins bewusst werden zu lassen, und dass Er uns niemals von Sich trennen möge, von Ihm, neben Dem es nichts anderes gibt!

Niemals endendes Lob! Möge jeder unserer Atemzüge Ihn lobpreisen! Amen. Wie wunderbar es doch ist zu wissen, dass jedes Mal, wenn wir Ihn preisen, es tatsächlich Er ist, Der Seine eigenen wundersamen Taten durch uns preist! Und für diese sind wir Seine erwählten Ausführenden, wie Seine Hände, Seine Werkzeuge und so weiter. Es bedeutet, dass Er die ganze Zeit bei uns ist. Ruhm und Ehre. Gewiss kann es kein erhabeneres Glück geben als die vollkommene Vereinigung mit Seiner *dschamāl* [Schönheit], die wir alle erstreben und erreichen müssen. Möge Er uns das einfach machen, was Er von uns zu erwarten scheint. Vor der Größe Seiner unendlich mannigfaltigen Schönheit fühle ich mich kleiner und kleiner.

Das Bezeugen Seiner Schönheit

—

Ich bitte dich um Nachsicht wegen meiner späten Antwort, aber mir geht es nicht allzu gut, auch wenn ich ganz zufrieden mit meinem Zustand bin. Wegen einer Verengung meiner Speiseröhre esse ich nur winzige Portionen und verliere folglich an Gewicht. Eine andere Art von Diät hätte ich niemals geschafft, und so kommt mir das sehr zupass. Allerdings sind meine Ärzte anderer Meinung. Nun, wir werden alle erfahren, ob ich diese Welt als sylphenhafter Schatten verlasse oder nicht.

Ein türkisches Gedicht lautet übersetzt: »Wohin du auch schaust, erblickst du das schöne Antlitz Gottes.« Das ist keine leere Behauptung. Die Natur ist nichts anderes als der sich ausdehnende Atem des allerbarmherzigsten und großzügigsten Wohlwollens der Ipseität [oder: Selbstheit] in greifbaren und daher relativen Formen. Die Natur repräsentiert Sein Bild, und wohin wir auch schauen, sollten wir diese Schönheit bezeugen können, ganz egal, inwieweit sie durch den Menschen und seine Handlungen verschleiert oder blockiert wird.

Geh mit Gott und lege weiterhin Zeugnis ab von »Dem, außer Dem nicht[s] ist«, und Er wird dein Leben mit Freude und Glück erfüllen.

Schönheit und Ordnung: die Pyramide

—

»Die immaterielle Basis der Materie und die Unwirklichkeit der Zeit« zu sehen und zu verstehen – dies sind wesentliche Punkte, und Leben ist Bewegung, und Liebe ist die Bewegung von Schönheit (*dschamāl*). Es gibt keine Schönheit ohne Ordnung. Ordnung ist die intellektuelle Auffassung von Schönheit. Es geschieht an der Schwelle zum »Herzens«gefühl, dass wir auf Schönheit treffen. Im Gefühl und mit dem Herzen beschreibt sich Ordnung als reine Schönheit. Nicht als *etwas* Schönes, wohlgemerkt, sondern als die Schönheit selbst. Hier versagt Intellektualisierung und es geschieht Liebe in vollendetem Geschmack. Das Lesen eines Rezepts in einem Kochbuch kann in uns den Wunsch wecken, ein solches Gericht zu essen; um jedoch das Gericht zuzubereiten, es zu kochen und seine Vollkommenheit zu schmecken, müssen wir uns den notwendigen »Geschmack« erworben haben. Wie die Franzosen sagen: *«Le bon goût s'apprend»* – guter Geschmack will gelernt sein. Wenn man gelernt hat, ist das *dhikr* (Erinnern [Gottgedenken]) nicht nur eine rituelle Voraussetzung für Bewusstsein, sondern ein Schmecken der totalen Existenz. Die Erinnerung wird dann zu einem Geschmack des Daseins – keiner Sache, derer man sich erinnert, sondern einer Sache des Seins.

Dies sind aber Dinge, bei denen »Übung den Meister macht«, und daher notwendig für den Erwerb von und den Fortschritt zum Sein.

Ein Heiliger ist nichts anderes als ein enger Freund. Ein enger Freund ist nichts anderes als einer, der mit einem vereint ist, und dergestalt ist das Wesen des Einsseins – was die Aussage von Austin eher negiert, oder vielmehr, in seiner Wirklichkeit über das von Austin Gesagte hinausgeht.* Wir haben es hier *nicht* mit einem

* Bülent bezieht sich hier und im Folgenden offenbar auf eine Textstelle von R. W. J. Austin in der Einleitung zu dessen englischer Übersetzung von der »Weisheit der Propheten«, Ibn al-ʿArabī: *The Bezels of Wisdom,* translation and introduction by R. W. J. Austin, Mawah, NJ: Paulist Press, 1980, Seite 37. Die Textstelle lautet wie folgt (deutsche Übersetzung Chalice Verlag): »Das Konzept des vollkommenen Menschen kann darüber hinaus im Kontext seiner besonderen

spirituellen Archetyp zu tun, weil das Potenzial des menschlichen Zustands »nicht anders« [als Gott] ist. Der vollkommene Mensch ist nicht bloß »der Kontext, in dem sich alle unsere spirituellen Funktionen abspielen«, vielmehr ist der vollkommene Mensch nichts anderes als die manifestierte Vollkommenheit jener Vollkommenheit, die total, unveränderlich, unteilbar, absolut, eins und einzig ist. Deshalb schrieb Philon von Alexandria, der ungefähr neunzehn Jahre vor Christus geboren wurde: »Der vollkommene Mensch ist Gott [aber nicht *der* Gott]«, und aus diesem Grund sagte Christus in seiner üblichen elliptischen Art: »Seid also vollkommen, wie euer himmlischer Vater vollkommen ist« [Matthäus 5.48].

Das Bild wendet sich, wenn das, was als »Konzept« bezeichnet wird, kein Konzept mehr ist, sondern ein Blick aus dem Hubschrauber auf die Pyramide. Mit einem solchen Blickwinkel, von der Spitze aus nach unten, verinnerlichen wir die Beziehung zwischen der noch unbeschriebenen Pyramide und ihrer Manifestation in einer Gesamtsicht: nämlich, dass die Pyramide sich nicht vom Boden hinauf bis zu einem Punkt erhebt, sondern sich von einem einzigen Punkt aus nach unten erstreckt. Und nur, weil sie in Materie geplant ist, muss sie auf festem Fels auf einer großen Basis ruhen, differenziert und individualisiert, in Quadraten, Würfeln und so weiter. Für diejenigen, die nicht den Blick von oben nach unten werfen, sondern langsam hinaufklettern, mag dieser Aufstieg »der Weg der Philosophie«, »des Sufismus«, »der *ṭarīqa*s« [Sufi-Orden], »der Wissenschaft« heißen – oder wie auch immer man ihn nennen will. Tatsache bleibt, dass der wesentliche Faktor der Pyramide ihr einer und einziger Punkt ist.

menschlichen Manifestationen weiter vertieft werden. Wie erwähnt, ist der vollkommene Mensch jenes menschliche Individuum, welches das volle spirituelle Potenzial des menschlichen Zustands gänzlich verwirklicht hat und welches in sich und in seinem Erleben die Einheit des Seins realisiert hat, die aller scheinbaren Vielfachheit der Existenz zugrunde liegt. Jedoch ist das Konzept des vollkommenen Menschen an sich eher ein spiritueller Archetyp als ein tatsächlicher menschlicher Zustand. Seine primäre Manifestation im menschlichen Individuum ist jene der Heiligkeit oder *wilāya,* im Kontext deren sich alle anderen spirituellen Funktionen abspielen. Ibn al-ʿArabī legt besonderen Nachdruck auf die Tatsache, dass das arabische Wort für einen »Heiligen« (*walī*) auch einer der Namen Gottes ist, »der Freund« (*al-Walīy*), so als wolle er die äußerst enge Verbindung zwischen Heiligkeit und Göttlichkeit betonen.«

Zahl

—

Die Zahl ist die Widerspiegelung der Einzigartigkeit in der Vielzahl. Sechsundsechzig (6+6) ist gleich zwölf (1+2) ist gleich drei. Drei ist das In-die-Relativität-Immanieren von eins, welches das Relative einschließt. Hier solltest du dich an Folgendes erinnern: Warum versucht man das Einzige bloß durch seine Immanenz zu erkennen, wo doch das Bild, das erkannt werden sollte, die Einzigartigkeit in der Immanenz ist oder die Immanenz in der Einzigartigkeit? Wenn man darauf insistiert, Ihn durch Seine Immanenz zu erkennen, sieht man Ihn nur teilweise. Dies ist fehlende Anstrengung, und zwar in dem Sinne: Anstatt selbst einen anderen Standpunkt einzunehmen, von dem aus man das Ganze der »Pyramide« wie von oben her sieht, versucht man, sie Stein um Stein zu erkennen, bis man die Spitze sieht. Dies ist die übliche Art des Versuchs, die Dinge mittels des Intellekts zu begreifen. Da uns ein Herz geschenkt wurde, gibt es keinen guten Grund, nicht mit dem Herzen zu schauen und stattdessen zu probieren, den Intellekt einzusetzen und das Verständnis auf die Stufe der unfähigen Struktur des Intellekts herunterzubringen, und zu versuchen, Ihn in eine solche Beschränkung zu zwingen. Dies ist weniger als Rüge gemeint denn als eine Erinnerung.

Gegen Zauberei

AN RESHAD, 17. APRIL 1972

Nun zu diesem Zauberzeugs. Wir [Menschen] vom Weg spielen nicht mit solcherlei Dingen herum, und zwar deswegen nicht, weil dies ein abgestorbener Ast ist, oder besser gesagt, eine unechte Verzweigung, die nirgendwo hinführt. Überdies ist es schlicht und einfach nicht würdevoll, sich an spektakulären Tricks zu versuchen, und die Menschen des Weges haben es immer abgelehnt, sich mit etwas zu beschäftigen, das auch nur den leisesten Hauch von Magie verströmt. Drittens verursacht Magie Aufregung und stachelt auch jene Teile an, deren Aufbietung nicht angemessen ist, was wiederum dazu führt, dass Dinge ins Spiel kommen, die vielleicht besser in Ruhe gelassen werden. Außerdem verschafft Magie den Zugang zu anderen Lebenseinstellungen, gemäß denen man es für selbstverständlich hält, dass man die Ordnung der Dinge stört, und folglich Situationen ausnutzt, die manchmal zu großen Wahnvorstellungen des Erfolgs führen, obschon es sich lediglich um eine Bresche für das Einsickern niederer Wesen und tieferer Schichten relativen Wissens handelt, die, auch wenn sie beeindruckend sein mögen, dennoch fesselnd wirken und daher verabscheuenswert sind für echtes Wachstum und die Verwirklichung der Identität mit der absoluten Wahrheit und dem absoluten Licht.

Zauberei fördert düstere Zustände. Du solltest sämtliche Ansätze zu solchen Neigungen und Tendenzen unterbinden.

Sich der Wahrheit unterordnen

AN RESHAD, 17. APRIL 1972

as Wichtigste, was du in deinem letzten Brief erwähnt hast, ist die Sache mit K. Er ist ein Wünschelrutengänger und ein Zauberer, und natürlich ist er Zoroastrier. Zur Frage, ob du ihm eine Bühne geben sollst: Dazu ist es noch zu früh, denn er ist noch nicht so weit, die inneren Grundlagen des Zoroastrismus formulieren zu können. Wenn er dies einmal kann, wird er herausfinden, dass sie nichts anderes sind als das, was du, Reshad, in Beshara lehrst. Und dem wird er sich unterordnen müssen, nicht weil er sich Reshad unterordnet – nein, sondern der Wahrheit, die *eins* und untrennbar ist und universal und absolut und der sich jedes wahre Verständnis bereitwillig unterordnet.

Auf instabilem Grund lässt sich nichts Stabiles errichten

AN RESHAD, 13. APRIL 1972

Ich habe einen Brief von L. und M. erhalten, der mich äußerst beunruhigt hat. Gleichzeitig habe ich von Y. in Konya erfahren, L. habe auf ihn eingeredet und ihm gesagt, er sei ein Auditor bei Scientology. Dann hat er den armen Y. mit einem Haufen Literatur eingedeckt und schickt ihm mehr und mehr davon, worauf Y. glücklicherweise nicht geantwortet hat.

Ich erinnere mich nicht, ob ich dir jemals erzählt habe, was ich von Scientology halte, also schreibe ich dir Folgendes. Alles, was mit Scientology zu tun hat, ist für uns vollkommen, und ich meine ganz und gar, *tabu!* Wenn ich auch nur irgendetwas zu sagen habe bei dem, was mit dir oder Beshara zu tun hat, bestehe ich kategorisch und mit äußerstem Nachdruck auf diesen Punkt. Natürlich kann nicht jeder oder jede, der oder die irgendwann einmal etwas mit Scientology zu tun gehabt hat, abgelehnt werden; aber sie müssen auf jeden Fall geläutert werden. Tägliche Waschungen sind unabdingbar, wenn auch nicht ausreichend. Sollten sie kein warmes Wasser haben, müssen sie kaltes verwenden. Können sie es nicht mit kaltem, müssen sie welches mit gesammeltem Reisig aufwärmen und ihre Waschungen damit vollziehen. Zwar sollten das alle tun, aber jeder, der bei Scientology war, *muss* diese Waschungen einen Monat lang täglich ausführen, koste es, was es wolle. Aber das allein reicht nicht. Du musst sie mit *wazīfa*s* überschütten, bis ihnen schwindlig wird oder fast. Dann musst du diese absetzen und sie sollen eine Woche lang nichts anderes als Übungen und Meditationen machen.

Der Grund ist folgender: Zunächst einmal weißt du so gut wie ich, dass auf unstabilem Grund nichts Stabiles errichtet werden kann. Das Schlimme an Scientology ist, dass sich unter ihren Grundlehren, die allesamt falsch sind, scheinbar richtige Dinge finden lassen. Doch im Kontext der Scientology führen diese in die

* Siehe Fußnote Seite 21.

Irre. Ein anderes Problem mit den beiden ist ihr unglaublicher Eigendünkel. Dieser muss gänzlich eingerissen werden. Etwas Weiteres, was mit den beiden nicht stimmt, ist, dass sie relativ viel wissen, in Wirklichkeit jedoch unglaublich unwissend sind, und zwar so sehr, dass mir L. in seinem letzten Brief schrieb: »Ich habe Gott gefragt: ›Weshalb bin ich getrennt?‹« (sic). Der absolute Horror. Der Mann ist bis zur äußersten Dummheit von sich eingenommen. Ich bin erstaunt und auch enttäuscht. Also bitte ich dich, den beiden ein Übermaß an Arbeit zu geben, sie demütig werden zu lassen, aber nicht nur dem Anschein nach, sondern [innerlich]. Du weißt, was ich meine, »gib es« ihnen und beobachte sie genau. Trage ihnen vor allem ein komplettes *dhikr* auf, aber achte darauf, dass sie es richtig aussprechen und dass es nicht zu einem Chanting oder irgendeinem unverständlichen »Auahoo«-Zeugs verkommt, was sowohl hässlich als auch schlecht wäre. Kurz gesagt, lieber Reshad, sei mit ihnen bitte strenger als mit allen anderen.

Unangenehme Medizin

AN RESHAD, 7. MAI 1972

Uns allen müssen von Zeit zu Zeit Dinge gesagt werden, auch wenn diese schmerzhaft, vielleicht nicht ganz angemessen, unfair, frech oder einfach nur unangenehm sind. So ist es auch mit Pillen und ekligen Sirupen. Wenn du deinen Ibn ʿArabī gut kennen würdest, wüsstest du, dass, obwohl Knoblauch sehr unangenehm und faulig riecht, doch nur der Geruch faulig und unangenehm ist, nicht die Pflanze selbst. Als der Prophet Mohammed von Knoblauch sprach, sagte er, dass er dessen Geruch nicht möge, aber nie, dass er etwas gegen die Knoblauchpflanze habe. Daraus können wir alle etwas lernen.

Vernunft vermischt mit Intuition

—

24

Es gibt jedoch gewisse Dinge, auf die ich dich aufmerksam machen muss. Ich bin kein Scheich und folge keiner festen Tradition. Ich denke aber, dass diejenigen, die eine Vision der Wirklichkeit suchen, eine Fülle von »Gemeinsamkeiten« finden können, auf denen sich ein Verständnis aus »Vernunft vermischt mit Intuition«, wie es ein Wissenschaftler ausdrückte, aufbauen lässt.

Ausdauer im Dienst und in der Demut

—

25

Ihr [beiden] habt euch stark verändert. Ich bin euch sehr dankbar dafür, dass ihr mir geschrieben habt, sodass ich diese außerordentliche Transformation erkennen konnte. Lob gebührt Ihm allein, Der alles schön erschaffen hat und es dann sehr liebte. Und der Grund dafür liegt darin, dass Er schön ist und das Schöne liebt. Alles Lob gebührt Ihm in den Himmeln und auf der Erde und in den Universen. Ja, ihr habt euch beide sehr verändert, bitte macht weiter so. Es scheint, ihr werdet erwartet.

Doch auch, wer erwartet wird, braucht Ausdauer, um bis zur Tür zu gelangen. Manchmal ist die Tür verschlossen, und solange sie niemand von innen öffnet, können wir nicht eintreten. Daher führt Anstrengung, solange man nicht erwartet wird, zu nichts. Und dennoch muss man ausdauernd sein. Die beste Art der Ausdauer besteht in der Demut, denn Demut geht mit Ehrfurcht einher, und Ehrfurcht ist wesentlich, um Wissen geschenkt zu bekommen. Nur wer ausdauernd der Gewährung von Wissen harrt, bezeugt seine Zustimmung zur Einladung an die Tür. Dann müsst ihr anklopfen und warten, bis euch von innen geöffnet wird und ihr eingelassen werdet. Das Haus, das ihr betretet, ist das Haus der Liebe. Ah! Aber Liebe gibt es nicht ohne Dienen, ohne Dienen in irgendeiner Form. Liebe ist kein gesetzlicher Feiertag! Sie ist schwierig, und der Dienst, den sie verlangt, muss fortgesetzt erbracht werden, auch wenn keine Anzeichen zu sehen sind von Liebe, die angenommen oder erwidert würde. Wiederum heißt es: Ausdauer, in Demut und Dienstbereitschaft!

In der Zwischenzeit werdet ihr dies und viele weitere Dinge Schritt für Schritt von Reshad lernen. Dann, wenn eure Prüfung kommt, werdet ihr tun, was ihr könnt, und dann werden wir uns treffen. Ich habe euch bereits gesagt, dass ich kein Lehrer bin. Reshad ist euer Lehrer. Ich rate euch, bei dem zu bleiben, was er euch beibringt, und es zu akzeptieren. Später dann, vielleicht in einigen Monaten, werden wir uns treffen. Doch nur, wenn ihr ausdauernd bleibt auf dem Weg der Liebe, den Reshad euch gezeigt hat und den ihr in Demut und Dienstbereitschaft angenommen habt. Ich hoffe, ich täusche mich, aber ich kann fast schon sehen, wie zornig ihr seid. Wo bleibt eure Demut? Nein, ihr seid nicht wirklich zornig, aber euer Stolz hat euch verletzt und so weiter und so fort. Wisst einfach dies: Ihr werdet erwartet, das ist sonnenklar. Doch die Anstrengung, bis zur Tür zu gelangen, ist für euch beide größer als für andere; weil von euch mehr erwartet wird, wenn ihr wahrhaft bis zum Anklopfen an die Tür gelangt.

Wem das Einschlafen nicht gestattet wird

AN RESHAD, 26. APRIL 1972

Beshara geht es offensichtlich gut. Du wirkst im Namen von *al-Qādir* [dem Mächtigen] und *al-Ḥaqq* [der Wahrheit] und das den ganzen Tag. Natürlich lässt dich das nicht ruhig schlafen. Menschen in einem solchem Stadium entsagen von Zeit zu Zeit dem Schlaf. Einige verbringen den Großteil der Nacht im Gebet. Wenn jemand auserwählt ist, gemocht wird, wird ihm das Einschlafen nicht so leicht gestattet. Dann wird seine Stimme so lange wie möglich verlangt, und es ist angenehm, seine Stimme zu hören. Das Zeichen und die Bedeutung all dessen besteht darin, dass du gut unterwegs bist auf dem Weg der Liebe! Du kannst dich glücklich preisen. Ich weiß, dass du erschöpft bist, aber es freut mich sehr zu hören, dass du wohlauf bist. Liebe und Segen seien mit dir! Mach weiter. Bedanke dich öfter [bei Ihm]... und bitte öfter... für mehr Stärke und Frieden.

Halte dich an Seinem Seil fest

—

Wie schön, nach so langer Zeit wieder von dir zu hören und zu wissen, dass man nicht vergessen wurde. Was auch immer dich morgens um halb fünf Uhr veranlasst hat, an mich zu denken – das ist die Zeit, zu der ich selbst normalerweise aufwache (auch wenn ich später nochmals einschlafe) –, es war ein großes Glück für mich, da es dich dazu gebracht hat, mir zu schreiben und mir deine Neuigkeiten mitzuteilen.

Anders als deine vergangenen zehn Jahre war meine Zeit allerdings nicht derart fabelhaft, wie es deine gewesen ist. Ich spreche hier aber nicht mit Neid, im Gegenteil: Ich schätze all das, was du auf deiner Suche unternommen hast – weil ich in mir nie den Drang verspürt habe, so viele verschiedene und faszinierende Wege immer wieder neu auszuprobieren. Tatsächlich habe ich ein eher schnell zufriedengestelltes Wesen und bleibe dabei fest und vertrauensvoll bei Ihm und »halte mich an Seinem Seil fest«, und zwar mit all meiner Kraft. Ich gestehe, dass ich eine Art Aladdin-Schatzhöhle eher in der Unermesslichkeit des Herzens gefunden habe – indem ich Ihn sozusagen im Inneren kontempliere – und nicht auf vielfältigen Wegen, die sich äußerlich in verschiedenen Disziplinen ausdrücken. Kurzum, ich bin sehr zufrieden, und hoffe, dass wahr ist, was ich denke, nämlich, dass auch Er mit meinen schwachen Bemühungen, mich Ihm zu nähern, zufrieden ist – im Glauben an das, was Er sagt: dass Er viel, viel mehr Schritte auf Seinen Diener zugeht, auch wenn der Diener bloß einen armseligen Schritt unternimmt.

Dienerschaft

AN RESHAD, 30. JANUAR 1975

Du bist nichts weiter als ein Diener, und das bin ich auch. Das sollten wir uns klar vor Augen halten. Wir beide, und wir alle, sind nichts als einfache Diener und noch nicht einmal besonders gut in dem, was wir tun. Denn der beste Diener ist der Meister, der Herr, und solange sich jemand nicht vollständig mit dem Herrn identifiziert, kann er oder sie nicht genau wissen, was Seine »Bedürfnisse« sind, um Ihm am besten zu dienen. Von dieser Position sind wir alle noch weit entfernt. Reden wir uns selbst also keine trügerische Wichtigkeit ein. Was Er wünscht, wird geschehen.

Wie man Prüfungen besteht

—

1. Du erinnerst dich, dass es Iblīs zur Zeit seiner Verbannung [aus dem Himmel] ausdrücklich gestattet wurde zu versuchen, auf jede erdenkliche Weise störend und hindernd einzugreifen in die ständige Verbindung und anhängliche Beziehung zwischen dem Gläubigen und seiner inneren Natur, nämlich dem Göttlichen Sein, der Essenz, der Ipseität [Selbstheit]. Fāṭima, die Tochter des Propheten (Friede sei mit ihm) war von ihrem Vater gelehrt worden, sie solle sagen: »Herr, lass mich nicht mit mir allein«, weil sie wusste, dass es dem Iblīs in solchen Momenten leichter gelingt, die Verbindung zur Essenz und das Bewusstsein der Verbundenheit mit dieser zu unterbrechen.

2. Zudem erklärt ʿAbd al-Qādir al-Dschīlānī* (an dem Gott Sich erfreut), dass die verschiedenen Hinweise des Propheten auf die Meditation (die nicht notwendigerweise irgendwo in der Stille sitzend vollzogen wird) nichts anderes meinen als Momente des vollständigen Bewusstseins Seiner. Als solche sind sie wesentlich wert-

* Zu ihm siehe Fußnote Seite 22.

voller als Tausende Male des rituellen Gebets. Danach ist der Weg frei.

3. Dem füge nun hinzu, was du bereits weißt: nämlich, dass Gottes Erlaubnis an Iblīs der Einschränkung unterworfen ist, dass er den wahren Dienern und Dienerinnen Gottes nichts anzuhaben vermag. So kannst du dir vollkommen sicher sein, dass Er, Der dich mehr liebt, als du Ihn lieben kannst, Er, Der Sich zehn Mal öfter zu dir hin ausstreckt, als du es jemals [zu Ihm hin] könntest, niemals völlig von dir getrennt ist. Der Grund dafür liegt nicht allein darin, dass du nicht anders bist [als Er], sondern auch darin, dass du dich in ständigem Kontakt mit Ihm befindest; und da deine Verbundenheit mit Ihm beständig ist, kannst du aufgrund dieser drei Dinge, zuzüglich jeglicher über das Pflichtmaß hinausgehenden Werke, gar nicht anders, als dich Ihm zu nähern.

Der Fall von Abraham jedoch ist noch aufgrund einer weiteren Eigenschaft, die ihn auszeichnete, besonders. Im Koran [16:121] wird er als »der Dankbarste und Verbundenste« bezeichnet. Wenn also ein Herz sich beeilt, ihn nachzuahmen (was auch mein Herz zugegebenermaßen getan hat), dann müssen Sein *hamd* [Lob] und Dankbarkeit Ihm gegenüber ein beständiges Merkmal eines Menschen sein, der liebt. Dann besteht die letzte Anforderung darin, *ḥasbunā Allāh wa niʿma-l-Wakīl* (Gott reicht mir und Er ist der beste Sachwalter) [3:173] zu sagen und so oft wie möglich die Niederwerfungen vor der Ipseität auszuführen, sodass die Dienerschaft erlangt wird, die dann ihrerseits die Herrschaft begründet, die sich auf die Ipseität bezieht.

Demut, Würde und Stolz

AN RESHAD, 4. JULI 1973

Im Moment ist es nicht an dir, irgendetwas zu entscheiden oder *zu hinterfragen,* »ob ich der Ansicht sei, dass es [für dich] das Richtige sei, nach Kanada zu gehen.« Du wirst gehen *müssen,* egal ob du dich dazu in der Lage fühlst oder nicht. Dies ist ein Auftrag, der in Seinem Sinne ist, und solltest du nicht gehorchen, will ich mit dir nichts mehr zu tun haben. Erinnere dich: *Du* wolltest diesen Job haben und hast versprochen zu erledigen, was man dir aufträgt. Und zwar hier in

Bitez, an jenem Tag, hast du versprochen, zu gehen und die beiden Besharas in Vancouver und Mexiko zu gründen und hast gesagt: »Dies werde ich tun; ich habe es versprochen und werde mich nicht davor drücken; ich werde es tun.« Als ich dich ein paar Minuten später nochmals gefragt habe, hast du es noch einmal bestätigt. Was für eine Art Mensch beginnst du zu werden, Reshad? Eine Minute dies, in der nächsten etwas anderes? Deine neue Einstellung mag ich gar nicht. An dieser Weggabelung in deinem Leben sollte deine Haltung eine der Bescheidenheit und Demut und folglich der Würde sein. Es gibt keine wahre Demut ohne Würde, und keine Würde ohne Demut, welche ansonsten zu Stolz wird! Hüte dich: Kein Stolz besteht vor Gottes Willen.

Genialität

—

Genialität bedient sich der Weisheit, und wahre Weisheit lässt sich auf keine Form beschränken. Daher äußert sich Genialität in keinerlei bestimmter Handlungsweise und ist infolgedessen nicht an die moralischen Verpflichtungen gebunden, die formale Bindungen fordern. Genialität passt offensichtlich nicht in Muster, also muss ihr Handeln auch keinen Gesetzmäßigkeiten folgen; sie ist ein Gesetz an sich und gestaltet ihre eigenen Gesetze. Ihr einziger Richter ist ihre Konsequenz, und ihre einzige Regel ist ihr selbst gesetztes Ziel. Es gleicht dem Bau einer bedeutenden, lebenswichtigen Autobahn: Ein paar Bäume, vielleicht sogar Jahrhunderte alte, müssen möglicherweise dafür geopfert werden. Und entsprechend diesen Grundprinzipien nutzt Genialität vor allem anpassungsfähige Vision als ihr Werkzeug. Sie muss Gelegenheiten ergreifen und diese zur Erfüllung ihres Leitgedankens einsetzen – wie [Benjamin] Franklin einen Drachen zum Aufladen einer Batterie benutzte. Nur Genialität erkennt den Zusammenhang zwischen einem Sturm, einem Kinderspielzeug und einer Batterie.

Atatürk besaß diese Vision, die Menschen eigen ist, die als Genies bekannt sind. Die Türkei, die sich mangels eines Staatsoberhauptes mehr als ein halbes Jahrhundert lang in Agonie gekrümmt hatte, brachte plötzlich ein Genie hervor. Das Osmanische Reich war Geschichte geworden. Eine neue Türkei schlug ein neues Kapitel auf.

»Brich deinen Stolz, Größe gehört Gott allein!«

AN RESHAD, 1972

Immer, wenn in den alten Zeiten der Sultane diese ein neues Reich erobert hatten und der Sultan zum »Sultan der vier Kontinente« ausgerufen wurde, zum »Herrscher und Herrn der Meere und Länder« und, weil er der *khalīfa* [Stellvertreter] aller Muslime war, zum »Schatten Gottes auf Erden«, wurde ein frommer Mann auserwählt, der inmitten der riesigen Versammlung ausrufen musste: »Sei nicht stolz, mein Kaiser; größer als du ist Gott!« Was für eine gute Idee für alle, die in irgendeiner Form für Beshara verantwortlich sind: bei jedem wöchentlichen Treffen vor allen Anwesenden gesagt zu bekommen: »Brich deinen Stolz, Größe gehört Gott allein!«

»Gebt dem Kaiser, was des Kaisers«

—

Jesus Christus, der einer der mächtigsten und entschiedensten Offenbarungen Gottes ist, sagte etwas, das wir nicht vergessen dürfen, und dieser Ausspruch beginnt mit: »Gebt dem Kaiser…«, den Rest kennst du wahrscheinlich. [»Gebt dem Kaiser, was dem Kaiser gehört, und Gott, was Gott gehört« (Matthäus 22.21).]

Beshara gehört Ihm und ist aufgrund seiner Immanenz, infolge der es den Regeln des *maschī'a* (Göttlichen Willens) dieser Welt unterliegt, auch Sein Kaiser. Gab oder gibt es jemals einen anderen Kaiser als das, was Er zum Kaiser ernennt?

Ebenso ist es wahr, dass wir alle Gäste sind auf dieser Welt, aber nur in dem Sinne, dass wir nichts daraus mitnehmen, wenn wir gehen und sie verlassen. Während der Gast da ist, ist er eingeladen, von dem zu nehmen, was bereitgestellt ist; das bedeutet aber nicht, dass er nichts dazu beigetragen hat. Dein Gebet ist bezaubernd, doch wäre es wahrhaftig bezaubernd, wenn es da nicht die Trennung zwischen dir und Ihm gäbe. »Ich gebe dir dies, du gibst mir das« – das ist nicht der Weg.

Herrschaft

AN RESHAD, 10. OKTOBER 1972

Diese Sache mit der Herrschaft ist etwas Feines und Wichtiges. Herrschaft (*rabb*) erfordert einen direkten Dienst an Ihm, so wie jener eines Kammerdieners eines Gentlemans an seinem Herrn. In Seinem Attribut der Herrschaft (*Rabb, Rubūbīya*) zeigt sich ein anderer Aspekt der Gottschaft [oder Göttlichkeit].

Der *rabb* ist *Rabb,* wenn Ihm hingebungsvoll gedient wird, bis der Diener eins wird mit dem Herrn. Ihre Sichtweisen, ihre Neigungen, ihre Persönlichkeiten gleichen sich einander so sehr an, dass es mit der Zeit fast unmöglich wird, zwischen dem Diener und dem Herrn zu unterscheiden. Dies ist einer der Gründe dafür, dass der Prophet Mohammed (*ṣallā 'llāhu 'alayhi wa-sallam*) immer darauf bestand, dass er zuerst als »Diener Gottes« bezeichnet wurde und erst dann als »Sein Gesandter«: *'abduhū wa rasūluh* (*'abd* heißt »Diener«, »Sklave« und so weiter).

Die Nacht der Macht

AN RESHAD, 1972

Es ist nicht ganz sicher, um welche Nacht genau es sich bei der Nacht der Macht (*lailat al-qadr*) handelt, die vom Attribut *al-Qādir* [der Mächtige] ausströmt; doch nach vorherrschender Meinung wird angenommen, dass es diejenige ist, die den Abend des 26. mit dem Tagesanbruch des 27. Ramadan verbindet. Es ist die Nacht der vollständigen, also machtvollsten Manifestation, und das Wort *amr* ([Schöpfungs]befehl) wird in dieser Nacht in allen Belangen in voller Wirkung freigesetzt. Im Koran heißt es, dass die *lailat al-qadr* mehr als tausend

Monate wert ist. In dieser Nacht steigen die Engel und der *rūḥ* (Geist, Heiliger Geist) in jeder *amr* (Ordnung) herab.

Nachdem der Drehtanz des *dhikr* [Gottgedenkens] beendet ist, nehmen alle dort Platz, wo sie sich gerade befinden, und das *«Ya Qādir»* [»Du Mächtiger«] wird angestimmt. Nach jedem *«Ya Qādir»* wird kurz innegehalten – nicht allzu lange, aber doch lange genug, damit nicht alle *«Ya Qādir»* zu einem einzigen Klang verschmelzen. Jemand sollte eine lange Gebetskette (mit 500 Perlen) bei sich tragen, bei der die 305. Perle markiert ist.*

Der *Wāq-wāq*-Baum

AN RESHAD, 30. MAI 1973

Nun zum *Wāq-wāq*-Baum.** Guter Gott! Demnächst willst du wohl im Untergrund von Beshara noch auf reines Gold treffen! Folgendes wollen wir dir, nachdem wir [den Koran] konsultiert haben, darauf antworten: Den *Wāq-wāq*-Baum gibt es tatsächlich, doch nur ein vollkommen geläuterter Mensch vermag, ihn zu schauen. Er wächst auf einem Beet aus reinem Gold und wird nur von einem reinen Menschen gesehen – richtig? Gelegentlich haben Leute gesagt, der *wāq wāq* ist dieser oder jener Baum, aber wisse: Gott weiß es am besten.

Befreiung und vollkommene Immanenz

—

Einst schrieb der gottgefällige Heilige Abū Ḥāmid al-Ghazālī,*** der Weg führe ausschließlich über Transzendenz, und *iṭlāq* [Befreiung, Öffnung] und Vereinigung könne ohne irgendwelche Berücksichtigung der

* Gemäß der Sufi-Tradition soll die Anrufung *«Ya Qādir»* beim *dhikr* 305 Mal wiederholt werden.

** Nach arabischer und persischer Mythologie ist der *wāq wāq* ein Riesenbaum, der menschenähnliche Früchte trägt.

*** Abū Ḥāmid al-Ghazālī (1055–1111) war ein persischer Theologe, Philosoph und Mystiker und gilt als einer der bedeutendsten religiösen Denker des Islams.

Immanenz [oder Schöpfung, *kawn*] erreicht werden. Wir allerdings sind vom Gegenteil überzeugt, weil beides, *iṭlāq* und *kawn*, Er sind. Die Vereinigung zu erlangen ohne vollständiges Wissen über Ihn, ist unmöglich, weil Er sowohl der *Muṭlaq* (der Absolute) als auch die Immanenz ist. Trennte man das eine vom anderen, verlöre sogar Einsteins Theorie, wonach alles *ad infinitum* relativ zu etwas anderem ist, ihre Bedeutung. Wir glauben, dass es nur *ein* Daseiendes gibt, sei es in *iṭlāq* oder in der *kawn*.

Wir bleiben auf dem Weg der Liebe und des Wissens, die beide Ihm gehören.

(In einem neuen Buch, das soeben in Frankreich erschienen ist, einer Übersetzung des [*Kiṭāb al-*]*Mawāqif* von ʻAbd al-Qādir al-Dschazā'irī, findet sich auf Seite 85 eine sehr schöne Zusammenfassung dessen, woran wir [in diesem Zusammenhang] glauben.*)

* Bei dem Buch handelt es sich mit großer Wahrscheinlichkeit um ABD EL-KADER: *Écrits spirituels*, herausgegeben und übersetzt von Michel Chodkiewicz, Paris: Éditions du Seuil, 1982, und das von Bülent erwähnte Kapitel auf Seite 85 lautet folgendermaßen (deutsche Übersetzung Chalice Verlag):

Über die letzte Identität

Gott (*al-Ḥaqq*, die letzte Wirklichkeit) – Möge Er gepriesen sein! – sprach zu mir: »Weißt du, wer du bist?« Ich antwortete: »Ja, ich bin das Nicht-Wesen, das von Deiner Manifestation hervorgebracht wird; ich bin die Dunkelheit, die von Deinem Licht erhellt wird.«

Dann sprach Er zu mir: »Da du dies weißt, halte fest [an diesem Wissen] und hüte dich davor, etwas zu behaupten, das dir nicht gehört. Denn das Anvertraute (*amāna*) muss seinem Besitzer zurückgegeben und das Darlehen zurückerstattet werden. Du hattest stets den Namen ›der Abhängige‹ und wirst ihn immer tragen.«

Und wieder fragte Er mich: »Weißt du, wer du bist?« Ich antwortete: »Ja, ich bin in Wirklichkeit Gott (*ḥaqq*). Aber bildlich und hinsichtlich des Weges bin ich Geschöpf (*khalq*). Ich bin ein abhängiges Wesen in Bezug auf meine Form, doch kann ich unmöglich nicht das notwendige Wesen sein. Es ist der Göttliche Name *al-Ḥaqq*, der mir aufgrund meines Ursprungs (*aṣl*) zurecht zusteht; mein kreatürlicher Name ist nur ein geborgter und eine Formel der Unterscheidung (*faṣl*).« Er sagte zu mir: »Verhülle dieses Zeichen; lass die Mauer einstürzen über diesem Schatz und ihn begraben, auf dass nur jener ihn zu heben vermag, der seine Seele schweren Prüfungen unterzogen und seinem Tod [wörtlich: seinem Grab] ins Auge geblickt hat.«

Dann sagte Gott – Möge Er gepriesen sein! – zu mir: »Was bist du?« Ich antwortete Ihm: »Ich bin zwei Dinge gemäß zwei unterschiedlichen Beziehungen. Im Hinblick auf Dich bin ich für immer und ewig der

Heldenhaftigkeit zwischen Transzendenz und Immanenz

—

Hier muss ich dich an Ibn ʿArabīs Erklärung erinnern, in der er unterscheidet zwischen: einen Helden zu kennen, einen Helden in Aktion zu sehen und tatsächlich selbst ein Held zu sein – mit dem ganzen Vermögen, diese

Immerwährende. Ich bin das notwendige Wesen, das sich selbst erscheint. Meine Notwendigkeit entspringt der Notwendigkeit Deiner Essenz und mein Immerwähren der Ewigkeit Deines Wissens und Deiner Eigenschaften.

Im Hinblick auf mich bin ich das reine Nicht-Wesen, das niemals das Parfüm des Daseins geatmet hat, das Zufallswesen, das in seiner Zufälligkeit nicht-existent bleibt. Ich besitze nur Dasein, solange ich in Deiner Gegenwart weile und für Dich da bin. Alleingelassen und abwesend von Dir, bin ich einer, der nicht ist, auch wenn er ist (*fa-and mafqūd maudschūd*).«

Dann sagte Er zu mir: »Und wer bin Ich?« Ich antwortete: »Du bist das Dasein, notwendig durch Sich selbst, allein vollkommen in Seiner Essenz und Seinen Eigenschaften. Besser noch: Durch die Vollkommenheit Deiner Essenz transzendierst Du die Vollkommenheit Deiner Eigenschaften. Du bist der Vollkommene in jedem Zustand, der Transzendente hinsichtlich von allem, was sich denken lässt.«

Er antwortete mir: »Du kennst Mich nicht!«

Ohne Angst, respektlos zu sein, sagte ich zu Ihm: »Du bist Der, Dem alle abhängigen Geschöpfe gleichen. Du bist der Herr und der Diener, der Nahe und der Ferne. Du bist der Eine und das Viele, der Erhabene und das Niedrige, der Reiche und der Arme, der Anbeter und der Angebetete, der Denker und das Gedachte. In Dir sind die Gegenteile und die Gegensätze zusammengefügt. Denn Du bist der Offenbare und der Verborgene, der Reisende und der Sesshafte, der Sämann und der Bauer. Du bist der Spieler, der Ränkeschmied und der Täuscher. Du bist die letzte Wirklichkeit, und ich bin die letzte Wirklichkeit. Du bist Geschöpf, und ich bin Geschöpf. Du bist weder dies noch das, und ich bin weder dies noch das.«

Er sagte: »Genug! Du kennst Mich! Verbirg Mich vor denen, die Mich nicht kennen. Denn die Herrschaft besitzt ein Geheimnis, und würde es enthüllt, würde die Herrschaft vernichtet. Auch die Dienerschaft besitzt ein Geheimnis, und würde es enthüllt, würde die Dienerschaft ausgelöscht. Lobpreise Uns für das, was Wir dich über Uns gelehrt haben; denn du kannst Uns nicht erkennen durch irgendeinen anderen als Uns. Nichts anderes führt zu Uns als Wir!«

globale Existenz zu sein.* Adam zu sein, bedeutet, die totale Immanenz zu sein, und totale Immanenz ist nur die objektive Schau des Ausdrucks des totalen Absoluten. Wo das Absolute sich sozusagen in Relativierung zergliedert, tritt es in die Manifestation.

Ausdruck relativiert das Totale. Ausdruck ist eine Bewegung aus der Transzendenz in die Immanenz, und Transzendenz ist nur deswegen unerkennbar, weil sie nicht mittels relativer Bedeutung gekannt werden kann, welcher sich der Ausdruck bedienen muss. Wenn wir dieses Bild wenden, schauen wir durch die Augen des Transzendenten auf das Immanente. Mit anderen Worten: Wir sehen das Relative als die Partikularisierung und vielaspektige Individuation des Absoluten.

Niemand kennt das Unbekannte außer Gott

AN RESHAD, 30. APRIL 1972

Du solltest unterdessen wissen, dass nicht alles in meiner Hand liegt. Und auch wenn dem so wäre, würde ich keinen Plan ändern wollen, da ich absolut überzeugt bin, dass all Seine Pläne die Perfektion selbst sind. Und das ist die Wahrheit. Und so glaube ich, dass es, unabhängig davon, wie hart es auch sein mag, das Beste für alle Beteiligten ist.

Lā ʿilm al-ghayb illā Allāh (niemand kennt das Unbekannte außer Gott); dieses Zitat kenne ich von Farīd ad-Dīn ʿAṭṭār.

Ich hoffe wirklich, dass wir alle in gewisser Weise Phönixe sind und aus der Asche unseres kleinen Selbsts (*nafs al-ammāra*) phönixgleich, durch jenes letzte verbliebene Glühen, das Sein Licht ist, zu einem neuen Leben und Selbst, dem *nafs al-muṭmaʾinna* (beruhigten Selbst), wiedergeboren werden.

* Vergleiche dazu BÜLENT RAUF: *Unterwegs in der Einheit des Seins,* Seite 79; sowie STEPHEN HIRTENSTEIN: *Der grenzenlos Barmherzige,* Seite 375.

Wissen

—

ielen Dank für deinen Brief mit all den wunderbaren Neuigkeiten. Es ist wirklich eine große Freude zu wissen, dass der Pir [Vilayat]* wieder zu Kräften gekommen ist und sein enormes Wissen seinen natürlichen Fluss zur Erleuchtung von uns allen gefunden hat. Es ist in der Tat eine große Freude, dass er endlich angefangen hat, seine Ausführungen über Ibn 'Arabī darzulegen. Er hatte immer erklärt, es sei noch zu früh dafür, und konzentrierte daher seine Lehren meistens auf einen vereinheitlichten religiösen Mittelweg.

Ich hoffe, du hast bemerkt, dass vor einem Jahr, als wir mit den Ibn-'Arabī-Papieren begonnen haben, uns niemand so richtig darin unterstützen wollte, nicht einmal unser lieber Freund Reshad, dass es mittlerweile aber so weit ist, dass jede und jeder sich damit beschäftigt. Hoffentlich hast du auch verstanden, wie äußerst wichtig es für dich war, in Side damit zu arbeiten, trotz all meiner Unhöflichkeit, die unterdessen zu meiner vorrangigen Eigenschaft geworden zu sein scheint. Ich sage hiermit nicht, dass es mir leidtut, denn ich erkenne immer stärker, dass sie Wunder bewirkt hat, obwohl die Methode roh und grob war. Gott segne dich, dass du mit den *Neunundzwanzig Seiten* fortfährst, und möge Gott euch allen helfen, sie bei jedem erneuten Studium besser zu verstehen.

Wisse dies: Wissen wird einem geschenkt, es wird nicht erworben. Wenn du studierst und zu lernen versuchst, musst du gewillt sein, offen und empfänglich zu sein. Mehr nicht. Wenn es dir nicht gewährt wird, magst du offenstehen wie eine Tür im Nordwind und nichts als kalte Luft wird durch dich hindurchblasen. Wissen wird gegeben. Wirklichkeit ist Er. Du kannst Ihn nicht eine Wirklichkeit werden lassen. Er *ist* die Wirklichkeit.

Die *Neunundzwanzig Seiten* enthalten einen Schlüssel zu dieser Wirklichkeit. Das in den *Neunundzwanzig* enthaltene Wissen ist ein Schlüssel. Nur indem du Ihn und Seinen Schreiber Ibn 'Arabī

* Pir Vilayat Inayat Khan (1916–2004), Leiter des Internationalen Sufi-Ordens, der Reshad Feild, bevor dieser Bülent kennenlernte, als Scheich in seinen Orden initiiert und ihn zu seinem Stellvertreter in England ernannt hatte.

anflehst, kannst du hoffen, dass Er dir mehr Wissen und damit ein besseres Verständnis der *Neunundzwanzig* schenkt. Es betrübt mich, daran zu denken, wie weit ihr euch alle von der Wahrheit entfernt habt, indem ihr annehmt, dass ihr Ihn durch eure Anstrengungen verstehen könnt. Wenn ihr euch so weit von der Wahrheit entfernt habt, seid ihr nichts als winzige unbedeutende, kleine Nullen.

Nur durch Seine Gabe könnt ihr wissen, und nur, indem ihr Ihn darum bittet, euch dieses Geschenk zu geben, werdet ihr verstehen. Und dies tut ihr, indem ihr euch vollständig Seinem Willen unterwerft und Geduld beweist. Intellektuell! Was soll falsch am Intellekt sein? Ibn ʿArabī sagt, allein mit dem Intellekt ist es nicht möglich zu verstehen. Aber sagt er etwa, es *auch* mit dem Verstand zu verstehen, sei nicht gestattet?

Du, der du in Konya warst und diese vier Drehungen der Mevlevis gesehen hast* – sahst du denn nicht mit eigenen Augen, dass vollständige Kenntnis von Ihm sich nur durch die [ersten] drei Drehungen (*ʿayn al-yaqīn* [Auge der Gewissheit], *ʿilm al-yaqīn* [Wissen der Gewissheit], *ḥaqq al-yaqīn* [Wirklichkeit der Gewissheit]) ergibt, und die vierte dann darin besteht, dieses Wissen zu *sein?*

Wie sich Wissen in einem Menschen entwickelt

—

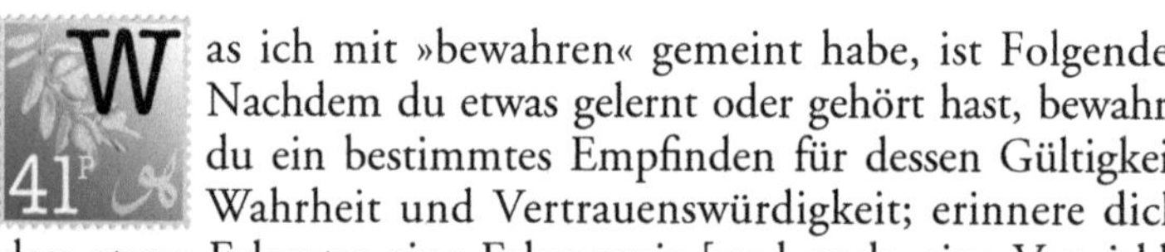

Was ich mit »bewahren« gemeint habe, ist Folgendes: Nachdem du etwas gelernt oder gehört hast, bewahrst du ein bestimmtes Empfinden für dessen Gültigkeit, Wahrheit und Vertrauenswürdigkeit; erinnere dich, dass etwas Erlerntes eine Erkenntnis [und auch: eine Verwirklichung] ist, die erst viel später eintritt, nachdem es erlernt wurde. Auf diese Weise entwickelt sich das bewahrte Empfinden weiter durch die Wiederbegegnung mit dem, was dieses Empfinden geschaffen hat, und wird zu deinem eigenen Denk- und Gefühls-

* Die vier Phasen des Drehtanzes in der traditionellen Sema-Zeremonie der Mevlevi-Derwische.

schema. Es ist die dir eigene Entwicklung in dir selbst, aus der Wissen wird.

In solchen Fällen ist die intellektuelle Ebene der intuitiven untergeordnet. Es ist besser, sich zu sagen: »Ich bin mir in meinem Gefühl absolut sicher, dass dies richtig ist«, als zu sagen: »Ich habe es analysiert, ich habe es durch den Intellekt laufen lassen, darüber philosophiert und mich metaphysisch darin vertieft.« Die Metaphysik einer Sache ist etwas für die Blinden, die Beschränkten und die Selbstgefälligen und verursacht entsprechenden Kummer.

Die Empfänglichkeit der Studierenden für vermitteltes Wissen

—

Man könnte annehmen, dass es angenehm und einfach sei, zu lehren und zu erläutern, was und worüber man etwas weiß. Jedoch ist es so, dass man nichts lehrt, was der, der gelehrt wird, nicht empfängt. Das heißt also, da alles von der Aufnahmefähigkeit des Studenten oder der Studentin abhängt, ist das Vermitteln eine schwere Bürde, allein schon aufgrund der Tatsache, dass man der Art und Weise des Empfangens jedes und jeder Studierenden gerecht werden muss. Bestünde das einzige Problem darin zu sagen: »So ist es, warum kannst du es nicht erkennen und annehmen?«, und dann zu wissen, dass es aufgenommen werden wird, wäre es einfach, weil alles aus der Quelle der Wirklichkeit ausströmen würde. Doch die Unterschiedlichkeit der Orte der Empfänglichkeit verdreht und variiert die Wahrheit entsprechend des Wesens, der Begabung und des Potenzials der Empfängerinnen und Empfänger. Daraus resultiert die Notwendigkeit zur ständigen Wachsamkeit, die sehr anstrengend und erschöpfend ist, und zur Sicherstellung, dass das erwartbare Verdrehen die Wirklichkeit nicht zu sehr auf die eine oder andere Weise beeinflusst.

Wissen und Liebe

—

Liebe ohne Wissen ist nichts anderes als ein Gefühl mit einem, gelinde gesagt, unscharfen Ziel. Der »Weg der Liebe« ohne Kenntnis dessen, was Christus ist, führt zur Anbetung des Kreuzes oder zum »Sohn Gottes«; beides ist ein unbegründetes Gefühl, das auf etwas Unklares aus ist. Schau dir zum Beispiel Rūmī an, ein weiterer »Pfad der Liebe«. Hätte er nicht bei Ṣadr ad-Dīn Qunāwī studiert* – dem Stiefsohn und Erben von Ibn ʿArabī –, wären seine Vision, seine Lehre und seine Schriften, was ihr Ziel angeht, unscharf geblieben. Dann wäre deine Liebe zu mir, wobei es »mich« gar nicht gibt, eine fiktive Liebe. So etwas ist gefährlich schmeichlerisch und daher inakzeptabel.

Zweitens ist Liebe ein Gefühl und keine Emotion. Nun, du hast Ihn verlassen und nimmst nur das mit, von dem du denkst, es sei Er. Meine Gefühle für Menschen, die Ihn verlassen, verwandeln sich nicht drastisch ins Gegenteil, weil sie Ihn verlassen; allerdings ist mein Bedauern dann in manchen Momenten so eklatant stark, dass ich es unterlassen muss, mit denen in Kontakt zu bleiben, die weggehen. Es stimmt, dass meine besten Wünsche sie begleiten, sie möchten dank Seiner Barmherzigkeit, die sich über alles hinwegsetzt, wieder einen Weg zurück zu Ihm finden. Und wer weiß schon, welcher Umweg ihr Weg ist; aber auf dem spiele ich keine Rolle. Kurz und gut: Gottes Barmherzigkeit setzt sich über all unsere Fehler und Irrtümer hinweg. In meiner Denkweise steht nichts über der Liebe zu Gott, nicht das Bedürfnis nach Alkohol und auch nicht die elterliche Fürsorge, wobei Letztere ohnehin unter die Leidenschaft fällt, die in der Liebe zu Ihm erzeugt wird. Indes, die Liebe zu Ihm kann keine Erwägungen dulden, die der Vorstellung entspringen, wir seinen getrennt von Ihm, was ein Mangel an Gewissheit über Sein Mitgefühl wäre sowie fehlendes Vertrauen. Ich möchte nicht auf jedes Detail eingehen. Kurz gesagt: Wer bei mir sein will, muss sich sicher sein, dass er oder sie bei Ihm sein will, und Ihn lieben. Wenn überhaupt, bin ich *einzig* für

* Vergleiche Briefe 5, 6 und 80.

diese Liebe ein Vehikel; also wäre es eher so, dass, wenn du Ihn liebtest, du auch mich liebtest, denn so wie das ganze Universum und das, was darin ist, bin ich nichts anderes als Sein Geschöpf. Falls du Asín Palacios'* Beschreibung der richtigen Beziehung magst, wie sie Ibn 'Arabī propagiert, dann ist Er der Scheich, und der Scheich macht überaus deutlich, dass Wissen das erste Tor in der Reihenfolge des Aufstiegs zum »Ich« ist – »Ich war ein verborgener Schatz und Ich liebte es, erkannt zu werden...«

Ich bitte um Verzeihung, dass ich nicht in der Lage bin, dir »Ratschläge«, »Klärung« oder »Einsicht« zu geben; diese werden durch Seine Gabe von dir selbst kommen, und zwar wie und wann Er es für richtig hält. Der einzige Rat, den ich uns allen geben kann, lautet: Haltet euch fest an Seinem »Seil« unter Ausschluss von allem anderen, bis es nichts anderes mehr gibt, und wiederholt das Lieblingsgebet des Propheten Mohammed: *«Rabbi zidnī 'ilmā»* – »Herr, mehre mich im Wissen«.

Ich bin mir sicher, dass Er, gemäß dem, was Er sagt, einer Person nicht mehr zumutet, als diese zu fassen vermag. Gleichzeitig wissen wir, dass Er niemals etwas manifestiert, bevor Er nicht zuerst den Ort für diese Offenbarung vorbereitet hat.

Da Selbsterkenntnis die Schwelle zur Weisheit ist und weil der menschliche Zustand es einem oft nicht erlaubt, den eigenen Zustand und das eigene Vermögen richtig einzuschätzen, sind wir manchmal entsetzt angesichts der Größe der uns zugemuteten Aufgaben. Unser eigener Horizont und unsere Fähigkeit scheinen dann solchen Herausforderungen nicht gewachsen zu sein, und so fühlt sich die Person nicht fähig zu einem derartigen Unterfangen. Doch können wir uns auch darauf verlassen, dass Er keine Ungerechtigkeit kennt, da einer Seiner Namen »Gerechtigkeit« [*'Adl*] lautet. Folglich ist alles, was geschieht, dass wir, ohne dass wir eine Entwicklung an uns wahrgenommen hätten, mit viel mehr Kraft ausgestattet wurden, als wir uns hätten vorstellen können. Und wir haben unsere Fähigkeit und unser Verständnis weiterentwickelt im

* Miguel Asín Palacios (1871–1944) war ein spanischer Islamwissenschaftler und römisch-katholischer Priester, der ausführlich über den Sufismus und herausragende Vertreter desselben, wie al-Ghazālī und Ibn 'Arabī, geschrieben hat. Als in der Fachliteratur wegweisend gelten insbesondere seine Untersuchung der gegenseitigen Einflüsse von Christentum und Islam sowie seine Theorie, Dante Alighieris *Göttliche Komödie* sei durch islamische und sufische Vorstellungen angeregt worden.

Gleichschritt mit der Vorbereitung des Ortes der Offenbarung vor der eigentlichen Offenbarung – ohne dass wir uns der Veränderung und des Fortschritts, den wir durchgemacht haben, bewusst waren. Hierzu ein kleines Beispiel, das ich an mir selbst erfahren habe: Häufig ertappe ich mich beim Erklären von etwas, von dem ich eigentlich denke, dass es sich außerhalb meiner Kenntnis befindet, nur um später das bestätigt zu finden, was ich gesagt habe.

Ich bin sicher, du wirst auch in Zukunft Dinge finden, die »sich einfach ineinanderfügen« und dies ganz »ohne schmerzhafte Anpassungen«. Tatsächlich wirst du mit der Zeit merken, wie du Raum für Ihn geschaffen hast, damit Er durch dich wirken kann, was die größte Zufriedenheit mit sich bringt – nachdem wir uns eingestanden haben, wo die Speichen des eigenen Rads sich zunächst *nicht* auszudehnen schienen.

Wissen und Glauben

—

Wie du sehr gut weißt, wollen wir die religiösen Gefühle der Menschen, welche auch immer sie sein mögen, nicht beeinflussen, ersetzen oder verändern. Wäre dem so, hätten wir niemals eine derart innige Mischung von Menschen aus protestantischen, katholischen oder jüdischen und anderen Glaubensrichtungen zustande gebracht, die in einer Studiengruppe zusammenkommen. Unser Ziel, das du gut kennst und erklären kannst, besteht darin, dass Menschen, die die grundlegende Wirklichkeit ihres persönlichen Glaubens erkennen wollen, auf diese Art und Weise so viel Wissen über Gott selbst aufnehmen, wie Er anbieten, offenbaren und instruieren will, und dies auf einer Ebene, die weit über die der Religion hinausgeht, ohne die wesentliche persönliche Neigung des oder der Einzelnen zu verändern.

Wissen und Licht

—

Denke daran: Poesie ist Bildsprache, Bildsprache ist Licht, Licht ist Er in Seinem Wissen. Ich hoffe, dass du weiterhin von diesem Licht und diesem Wissen angezogen wirst.

Wissen und Gottgedenken

AN RESHAD, 9. MAI 1973

Es gibt einige Menschen, die die Gnade des *ḥikma* (Wissens) als Geschenk erhalten. Der Vorgang erfolgt unverzüglich (bitte beachte die offensichtliche Unmöglichkeit eines unverzüglichen Vorgangs! – ich sage das mit Absicht). Andere müssen es sich erarbeiten und erhalten es nur durch größten Aufwand. In beiden Fällen ist *dhikr* [Gottgedenken] unerlässlich. *Dhikr* mit dem Wort *Allāh* ist seit Ibn ʿArabī das Beste – vor oder nach Ibn ʿArabī (und auch hier: beachte die Anomalie in diesem Satz!). Je beständiger es ist, desto näher kommt es.

Dhikr bedeutet In-Erinnerung-Rufen

—

Das formelle *dhikr* ist eine vereinheitlichte Feier, die Seine Individuationen und Eigenheiten vereint; in diesem Fall existieren die Menschen, die das *dhikr* vollziehen, nicht, und Er übernimmt das *dhikr* Seiner selbst durch die Kollektivität der Individualisierungen. Gewiss gibt es nichts Erfreulicheres. Ebenso ist jedoch auch die ununterbrochene Erinnerung an Ihn ein *dhikr,* ein intimes vonseiten einer Seiner Selbstidentifikationen, in welchem schließlich du mit Ihm als ich, und ich mit Dir als ich, in der Intimität süßer Gemeinschaft verkehren.

Dann werden *«le plaisir et la douceur d'oublier tout sauf Lui et rafraîchir l'âme en se baignant dans Son Beauté»* zur *«L'âme qui se baigne dans la propre beauté.»**

Nächtliche Übungen

—

Vollziehe des Nachts eine doppelte Niederwerfung und sprich, jedes Mal, wenn deine Stirn den Boden berührt, dreimal: *subḥāna Llāh* [gepriesen sei Gott]. Das ist die Essenz des Dienens. Ich wünschte, du würdest es tun. Stehe jede Nacht dafür auf, wasche Gesicht und Hände; wenn du Geschlechtsverkehr hattest, wasche dich vollständig. Die Stunde der Nacht ist unwesentlich. Es geht darum, den Schlaf zu unterbrechen. Dann füge deinem *Allāh* ein *al-hamdu li-Llāh* [Gelobt sei Gott] und ein *subḥāna Llāh* hinzu.

Dienen ist die totale Unterwerfung unter Seinen Willen und das Ablehnen der Einmischung deines Selbsts, indem du es an Dienst und Demut verweist – zwei Dinge, die Ihm nicht eigen sind (Abhängigkeit ist gleichbedeutend mit Dienersein). Durch diesen Verweis des Selbsts an etwas Nicht-Daseiendes, und dadurch abhängig Daseiendes, gewährst du dem wahren Selbst – das nicht anders ist als Er – den vollen Raum für seine Reintegration in das eine und einzige, einzigartige Selbst, und das ist *fanā'* (Entwerden).

Sokrates' »Erkenne dich selbst«

—

Wahrheit auf der Ebene des zeitlichen Verständnisses sowie der relativen Sprache und Fassungskraft: Der dritte [Sokrates] reduzierte dasselbe auf die Philosophie. Sokrates ist die herausragendste Gestalt unter den

* »Das Vergnügen und die Süße, alles außer Ihm zu vergessen und die Seele zu erquicken, indem wir in Seiner Schönheit baden« zur »Seele, die sich in ihrer eigenen Schönheit badet.«

dreien, obwohl die Platoniker – insbesondere die Neuplatoniker – annehmen, Platon sei der Vater einer inneren Tradition gewesen, und alles alexandrinische Denken zusammenwerfen, beginnend mit Philon und einschließlich Ibn ʿArabī. Doch falls man bloß einen einzigen Satz herausgreifen möchte, bleibt der wichtigste Faktor die Aussage des Sokrates: »Erkenne dich selbst«, die später auf die Bedeutung eines allein für Sokrates stehenden persönlichen »Mottos« reduziert wurde, so als ob es keinen Einfluss auf weitere Bezüge gehabt hätte. Doch mehr als jede andere platonische oder neuplatonische Aussage, Erläuterung oder Betonung hallte dieser Satz, »Erkenne dich selbst«, fast wörtlich bei allen großen Meistern wider, vom Tao / Zen bis hin zum Propheten Mohammed.

Aus Ibn ʿArabīs *Buch des Wissens**

—

Die Abhängigkeit des Möglichen von der Essenz [oder: Selbstheit] (Ipseität) des notwendigen Daseins (*wādschib al-wudschūd*) und die Unabhängigkeit der Essenz des notwendigen Daseins vom Möglichen (*mumkin*) werden als »die Göttlichkeit« bezeichnet.

Die Beziehung dieser Göttlichkeit zu Sich selbst und zu den Wirklichkeiten (*ḥaqāʾiq*) von allem Daseienden wird »Wissen« genannt.

Die Beziehung dieser Göttlichkeit zum Möglichen als solchem wird »Wahl« genannt.

Die Beziehung dieser Göttlichkeit zu [etwas] Möglichem – Deren Vorwissen über das Ins-Sein-Kommen dieses [einen] Möglichen stets im Auge behaltend – heißt »Entbindung«.

Die Auswahl einer [bestimmten] der dem Wesen des Möglichen innewohnenden Möglichkeiten durch die Göttlichkeit – das heißt, ob diese ins Sein tritt oder nicht – wird »Wille« genannt.

* Dieser Briefauszug ist eine Übersetzung, die Bülent aus der Kopie eines arabischen Manuskripts Ibn ʿArabīs erstellte. Nach Ansicht von Stephen Hirtenstein, dem namhaften Ibn-ʿArabī-Experten und langjährigen Studenten Bülents, handelt es sich hierbei um das *Kitāb al-maʿrifa* (Buch des Wissens). Bülents Übersetzung wurde von Stephen Hirtenstein freundlicherweise durchgesehen und an drei Stellen leicht berichtigt.

Die Beziehung der Göttlichkeit zur Schöpfung (*khalq*) des Möglichen heißt »Macht« oder »Vermögen« (*qudra,* von *Qādir*).

Das Fokussieren der Essenz (*dhāt*) auf die Gesamtheit der Möglichkeiten wird *ilāh* [Gottheit] genannt; in der Abstraktion heißt es »Göttlichkeit« (*ulūhīya*).

Ihre Beziehung zu Ihrem eigenen Selbst und zur Gesamtheit der Wirklichkeiten der Unveränderlichkeiten (*muḥaqqaqāt*), entsprechend dem, was die Unveränderlichkeit, ob existent oder nichtexistent, an sich ist, wird als »Wissen« (*'ilm*) bezeichnet.

Ihre Beziehung zu den Möglichkeiten hinsichtlich dessen, dessen Möglichkeiten sie sind, heißt »Wahl(freiheit)« (*ikhtiyār*).

Ihre Beziehung zum Möglichen im Hinblick auf die Priorität des Wissens vor der Entstehung des Immanierten [oder: des in die Immanenz gebrachten] heißt »Wunsch« (*maschī'a*).

Ihre Beziehung zu einer bestimmten Dimension unter den Dimensionen, die, je nach Partikularisierung (*ta'yīn*), für das Mögliche vorstellbar sind, wird »Wille« (*irāda*) genannt.

Ihre Beziehung zur Erschaffung der Welt (*kawn*) wird »Fähigkeit« (*qudra*) genannt.

Ihre Beziehung zu den [erlassenen] Bestimmungen (*aḥkām*) vor deren Auftreten wird »Vorherbestimmung« (*qaḍā'*) genannt.

Ihre Beziehung zum Augenblick (*waqt*) des Eintretens der [erlassenen] Bestimmung wird »Bestimmung [im Sinne von Schicksal]« (*qadar*) genannt.

Ihre Beziehung zur Anhörung des Immanierenden, die es (ins Sein) hervorbringt, wird »Befehl« (*amr*) genannt. Diese Beziehung (das heißt dieser Befehl) ist von zweierlei Art: mit und ohne Vermittelndes. Durch den Wegfall des Vermittelnden wird die Erfüllung (des Befehls) erforderlich, so wird die Welt (*kawn*) immaniert. Aber das Immanieren wird nicht durch das Vermittelnde (Befohlene) erzwungen, und tatsächlich ist es [Letzteres] in der Quelle (*'ayn*) der Wirklichkeit überhaupt kein Befehl, da dem Göttlichen Befehl nichts widerstehen kann.

Ihre Beziehung zur Anhörung des Geschaffenen, um es abzuwenden von seiner eigenen Existenz oder der Existenz von allem, was davon ausgeht, wird »Untersagung« (*nahy*) genannt: Sie hat die Form eines Befehls, von Vermittlern getrennt zu sein und sie aufzugeben.

Ihre Beziehung zum Lernen dessen, was Es in Sich selbst ist – entweder Es oder etwas anderes als Es unter dem Daseienden, oder was auch immer in den Selbsten innerhalb des immanierten Selbsts ist – wird »Benachrichtigung« (*ikhbār*) genannt.

Wenn du dich auf das Immanierte von welcher Art auch immer beziehst, wird dies »Erkundigung« (*istifhām*) genannt.

Wenn du dich darauf (also auf das Immanierte) beziehst aus der Perspektive des Abstiegs (das heißt der Devolution), was die Beziehung des Befehls ist (siehe oben), wird dies »Gebet« (*du'ā'*) genannt. Vom Tor (das heißt aus der Perspektive) der Beziehung des Befehls hierzu (also zur Beziehung des Gebets) wird dieselbe Situation »Rede« (*kalām*) genannt.

Ihre (der Göttlichkeit) Beziehung zur Rede, ohne dass der Zustand des Wissens darin vorhanden ist, wird »Hören« (*sam'*) genannt. Wenn dieser Situation Wissen beigefügt ist, heißt es »Verstehen« (*fahm*).

Ihre Beziehung zur Modalität des Lichts und all dem, was das Licht von den sichtbaren Dingen trägt, wird »Sehen und Schau« (*basr wa ru'ya*) genannt.

Ihre Beziehung zur Wahrnehmung jedes Bewusstseins, welche die Beziehung ist, ohne die keine der vorherigen Beziehungen überhaupt eine Gültigkeit hat, sofern sie nicht durch sie erfolgt, wird »Leben« (*hayyāt*) genannt.

Die Essenz (*'ayn*) in all diesen ist eine einzige, sei es in der Vielzahl der Beziehungen, in den Wirklichkeiten der Abhängigkeiten oder in den Namen der benannten Dinge. – Also, verstehe!

Übersetzung der »weißen« *Fuṣūṣ*

—

rste Priorität hat die Fertigstellung der *Fuṣūṣ*-Übersetzung,* was eine enorme Arbeit sein wird. Ich stehe unter Druck vonseiten des Auftraggebers und sollte das Ganze nun zu Ende bringen. Ich muss zugeben, dass die

* Gemeint sind die von Bülent Rauf ins Englische übersetzte und nach Fertigstellung in einer vierbändigen Ausgabe mit weißen Buchumschlägen publizierten *Fuṣūṣ al-ḥikam* (»Ringsteine der Göttlichen Weisheit« oder »Die Weisheit der Propheten«) von Muḥyīddīn Ibn 'Arabī in der Îsmail Hakkı Bursevî (1653–1725) zugeschriebenen Fassung mit dessen umfangreichem Kommentar in osmanischem Türkisch.

Aufgabe überwältigend ist; doch, so schwierig dieses Unterfangen auch sein mag, möchte ich betonen, dass es eine Quelle unermesslichen Vergnügens darstellt. Ich kann sagen, dass es ein wahres Wunder ist, wie ich an dieser Aufgabe des Lesens und Übersetzens arabischer Textstellen von Ibn ʿArabī aus den *Fuṣūṣ* und den *Futūḥāt* [*al-Makkiyya*] gewachsen bin, und eine Quelle grenzenloser Freude. So kann ich aus erster Hand erfahren und genießen, wie unwahrscheinlich kurz und bündig Ibn ʿArabī sich in seiner eigenen Sprache ausdrückt, die er über jedes Maß an stehenden Redewendungen hinaus deichselt, wie sie die normalen Menschen in dieser Umgangssprache kennen. Du wirst verstehen, was ich meine, wenn du die Freude an der Shakespeare'schen Ausdrucksweise in der englischen Sprache nimmst, und sie dir bis zum höchsten Grad gesteigert denkst.

Übersetzen von Ibn ʿArabī

—

Soweit ich sehe, kommt Folgendes der akbarischen* Intention am nächsten:

Die mit »Verhältnis« benannten Linien,** die von der Präsenz als die Radien der größeren Kreise (des Willens, der Kraft, des Lebens und des Wissens) in vier Richtungen ausgehen, würde ich eher als »Beziehung« bezeichnen. Wobei diese Beziehung nicht so sehr im Sinne einer Beziehung zu etwas anderem zu verstehen ist, wie es dieser Begriff normalerweise impliziert, sondern als die Beziehung der Linien der Kreisradien zum größeren Kreis.

Qudra [Kraft, Macht] ist die potenzielle Kraft, im Sinne der »Fähigkeit zu tun«.

* Das adjektiv »akbarisch« bezieht sich auf die Lehre, die Schriften, das Studium oder die Tradition Muḥyīddīn Ibn ʿArabīs, der den Ehrentitel *schaich al-akbar* (der größte Scheich) trägt.

** Bülent schreibt hier über eines der zahlreichen von Ibn ʿArabī in einigen seiner Werke gezeichneten und kommentierten Diagramme, in diesem Fall über dasjenige der »Kreise der Präsenz und der Namen« (vergleiche gegenüberliegende Seite). Für Näheres dazu siehe insbesondere das Video von Stephen Hirtenstein: *The Circle and the Compass*, YouTube; auch zu finden über den Permalink: chalice.de/ibn-arabi-circle.

Ma'qūl stammt von der Wurzel *'aql* [Verstand, Intellekt] und meint dessen objektiven Fall, also »vernünftig«; daher bedeutet *'aql* manchmal auch »Vernunft«. Wie dem auch sei, sowohl der Göttliche Intellekt als auch der vollkommene Intellekt werden immer mit dem Wort *'aql* übersetzt (wie zum Beispiel in *'aql al-kulli* [uni-

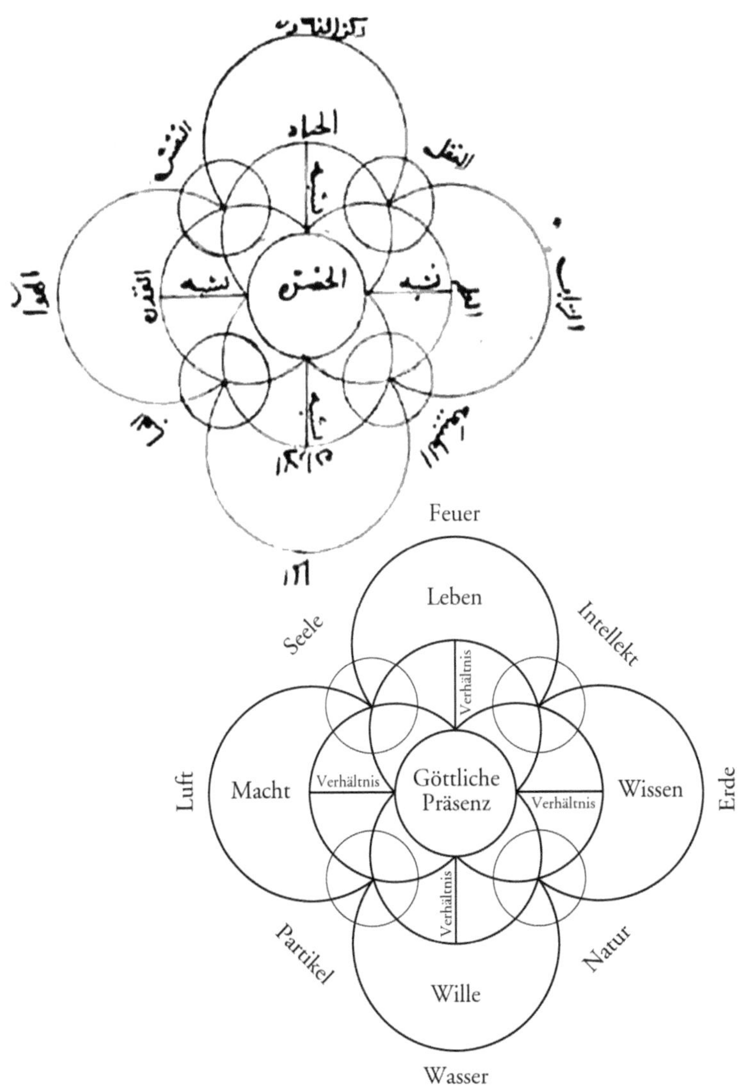

verseller Intellekt]). Ebenso wird, obwohl es das Wort *dhihn* gibt, das »Verstand« bedeutet, häufiger das Wort *'aql* verwendet. Es scheint, dass im arabischen Denken alle Rationalität, Vernünftigkeit, Intellektualität, Intelligenz und alles Weitere aus dem Ort des Verstandes ausströmt, also repräsentiert *al-'aql* diesen Verstand.

Die Übersetzung »Feuer« lautet im arabischen Original »Mitte des Feuers« (*markaz al-nār*); die entsprechende arabische Handschrift könnte man aber auch als »Ecke des Feuers« (*rukn al-nār*) lesen, ich denke jedoch, dass »Mitte« [oder »Zentrum«] im Sinne von »Quelle« stimmiger ist.

An-nafs, was üblicherweise als »die Seele« übersetzt wird, würde ich hier vorschlagen, als »Geist« wiederzugeben, weil es nur *eine Nafs* gibt, wie es ebenso nur *einen* Geist gibt, wohingegen die Seele den Plural »Seelen« annehmen könnte.

Das Lesen der *Neunundzwanzig Seiten*

—

Setze all deine Energie daran, dein Wissen zu erweitern. Wäre der Kontext der *Neunundzwanzig Seiten** in dir zu einer Gewissheit geworden, mit anderen Worten, hättest du sie studiert, oder anders ausgedrückt, hättest du sie erlernt und sie folglich als Teil deines Denkprozesses erfahren, dann wären an den [Studien]kreisen zu den *Neunundzwanzig Seiten* keine Zweifel oder Schwierigkeiten aufgetreten, wie es bei dir der Fall war. Du hättest weder Angst noch Bedenken hinsichtlich dessen gehabt, was du sagen solltest. Wisse auch dies: Die *Neunundzwanzig Seiten* enthalten auf jede auftauchende formulierte oder auch nicht formulierte Frage eine Antwort. Es ist sinnvoll, den Leuten zu sagen, sie sollen, wenn sie in einer Zwickmühle feststecken, weiterlesen – vor und zurück – und sie werden die Antwort finden.

* Siehe Fußnote Seite 19.

Gebet und Meditation am Beispiel Hiobs

—

Nun ein Wort zu Gebet und Meditation. Sowohl Meditation als auch Gebet sind förderlich, wenn der meditierende oder betende Mensch dabei nicht als ausführende Person im Zentrum steht. Gebet und Meditation sind dann wirklich, wenn Er es ist, Der bittet oder über Sich selbst meditiert, und du nichts weiter bist als der *nedschlā'*, der Reflektor [oder: Abglanz] des Ereignisses ohne eine sich von Ihm unterscheidende Identität.

Wenn Ibn ʿArabī sagt: »Manchmal möchte Er, dass eine Person immer und immer wieder betet, einfach weil Er die Stimme dieser Person gern hat«, meint er damit in etwa, dass Seine Handlungen, alle Handlungen, die Handlungen Seiner Namen sind. Wenn diese Namen von jemandem angerufen werden, treten sie in ihr Stadium der Ausführung ein. Wenn es zu keiner Anrufung kommt, werden diese Namen im Fall der Person, welche sie eben nicht angerufen hat, ihrer Handlung beraubt. Wenn Er will, dass dieser oder jener Name in Aktion treten soll, neigst du, oder irgendjemand, dazu, um die Wirkung dieses Namens zu bitten; doch der ursprüngliche Entscheider darüber, ob diese Wirkung eintreten soll oder nicht, ist Er.

Als Hiob alles mit Geduld (was Sein Name *Ṣabūr* bedeutet) ertrug und nicht um Hilfe bat, musste Er in Hiob die Erfordernis für Geduld derart erhöhen, dass Hiob schließlich nachgeben und um Hilfe bitten musste; das heißt, Hiob hatte das Wirken des Namens »der Helfer« [*al-Wakīl*] vernachlässigt. Was geschah also? Da Sein Name »der Helfer« von einer Seiner Lieblingsmanifestationen vernachlässigt worden war und folglich die Anforderungen dieser Manifestation nicht vollständig erfüllte, musste Er eingreifen, auf dass Hiob schließlich die Anforderungen der Manifestation, die Hiob ist, erfüllte.

Auf einer anderen Ebene war es so: Hiob, der Seine Manifestation als Hiob war, sich jedoch abgrenzte, indem er nicht die Ganzheit der »Hiob« genannten Manifestation ins Spiel brachte und sich dadurch der Erfüllung der Hiob-Manifestation widersetzte, musste erkennen, dass er, Hiob, sich der ursprünglichen *'ayn* [Essenz] der Hiob-Manifestation anzugleichen hatte. Und so wurde Hiob zum Beten gebracht. An dem Punkt wurde Er zur vollen Manifestation, die wir als Hiob kennen.

Was also ist Hiob? Hiob ist folglich der »Spiegel« oder »Reflektor« von Ihm als Hiob-Manifestation, und das, ohne dass es einen Hiob als eine separate, abgegrenzte Halbexistenz überhaupt gibt, außer wenn Hiob, der Mensch, sich durch Übertreibung eines Attributs (*Ṣabūr,* Geduld) von Ihm abgrenzt.

Unterhalte dich mit Ihm

—

Ich muss dich daran erinnern, dass dieser Kurs keiner der Gelehrsamkeit in Seinen Wegen ist. Wir sprechen hier zwar von einem »Kurs«, doch in Tat und Wahrheit ist es eine Unterhaltung mit Ihm in Seiner Präsenz. Das ist es, was wir alle brauchen. Das ist unsere Leidenschaft: mittels dessen, was barmherzige Seligkeit ist, in eine Unterhaltung einzutreten. Dann werden sich all deine Träume und Zustände für dich klären, sodass du Ihn als dich selbst erkennst. Dann würden wir von Ihm sprechen, und nicht von uns als etwas anderem als Er, sondern als Er, Der wir ist, ohne dass wir sind [existieren].

Traumzustände sind unbegrenzte, weite Gefilde, in denen Visionen gelegentlich ohne ersichtlichen Zusammenhang ineinander übergehen. Aufgrund des Umfangs und der Weite des Gefildes der Präsenz der *mithāl* (des Imaginativen) entgeht uns manchmal das verbindende Glied zwischen Offenbarungen, die wir selbst in Formen kleiden, die häufig verschiedenartig sind und deshalb zusammenhangslos erscheinen.

Der Entschluss ist bereits die Einladung

AN RESHAD, 10. APRIL 1973

56 Der Entschluss [oder Willensakt] ist der erste Schritt. Er [Gott] ist der *Mudschīb* [Erhörende] [...], was bedeutet: der Eine, Der es zu Seiner Sache gemacht hat, der Einladung, das heißt dem Gebet, zuzustimmen. Der Entschluss ist bereits die Einladung, gleich Gebet, obwohl noch nicht aktiv artikuliert. Etwas zu wollen, bedeutet, für etwas zu beten, von dem man will, dass es geschieht. Dein Problem ist eine allzu große Anerkennung auf deiner, der Ich-Ebene. Aber keine Sorge. Tatsächlich ist die Zeit gekommen, dir wieder einmal offen die Wahrheit zu sagen. Wenn wir uns wiedersehen, wird dies einfach sein. Vorab nur so viel: Du hättest das, was du zu tun hattest und noch immer tun musst (Vancouver, Mexiko und so weiter), nicht tun können und getan, wenn du zu weit entwickelt gewesen wärst. Du wurdest zu diesem Zweck »zurückgehalten«. Wenn du einmal den Rest dessen erledigt haben wirst, was du tun musst, wirst du dich selbst finden – oder vielmehr Ihn in dir, den dann nichts mehr an der vollen Erkenntnis hindern wird.

Herr Mitte und der Wille Gottes

—

57 Zwar scheint es offenkundig Gottes Wille zu sein, wenn man hier in Chisholme* landet, doch da wir, vollkommen, Sein Abbild sind, liegt es an uns, selbst zu entscheiden, Seinem Willen zu gehorchen oder nicht. Gott hat die Wahl und besitzt freien Willen, und wie alle Geschöpfe auf der Welt verfügt auch der Mensch darüber, weil er Dessen Abbild ist; und aus dieser Wahl zwischen Handeln und Nicht-Handeln, oder zwischen Handeln und falschem Handeln, ergibt sich die Möglichkeit des Gehorsams oder des Ungehorsams

* Siehe Fußnote Seite 15.

gegenüber dem Willen Gottes. Es ist nicht notwendigerweise im Willen Gottes, der sich gemäß dem natürlichen Gesetz manifestiert, sondern im Erfüllen oder Nicht-Erfüllen von Gottes Willen, worin der Mensch mehr oder weniger achtsam ist. Rūmī sagt, die Wahl des Menschen bestehe darin, Gott zu danken und zu preisen oder dies nicht zu tun. Gott zu danken und zu preisen, bedeutet, Gottes Willen zu erfüllen; es nicht zu tun, erfüllt ihn nicht.

Andererseits stimmt deine Ansicht, dass Ungehorsam dort nicht möglich ist, wo es einen natürlichen oder direkten Befehl Gottes gibt. Ein solcher kann nicht missachtet werden. »Ungehorsam« liegt im Entscheidungsspielraum des Menschen, sich dort zu fügen oder nicht zu fügen, wo Gott nicht »befiehlt«, sondern dem Menschen die Entscheidung überlässt. Das ändert nichts an der Tatsache, dass alles so ist, wie es sein soll, wie der berühmte Merkez Efendi (Herr Mitte) damals sagte, als für seinen Lehrer die Zeit gekommen war, diese Welt zu verlassen, und er daher herauszufinden versuchte, welchem seiner Schüler er seinen Platz hinterlassen konnte. Er machte sich also daran, sie zu testen, und stellte jedem einzelnen die Frage: »Wenn du die absolute Macht in deinen Händen hieltest, in dieser Welt zu verändern, was immer du dir auch wünschst, was würdest du tun?« Der eine sagte, er würde dieses und jenes verbieten, der andere antwortete, er würde dies und das ändern, und so weiter und so fort. Dann kam ein Mann an die Reihe, der im Unterrichtsraum nur noch hinter einer Säule Platz gefunden hatte und der sich nur selten zu Wort meldete. Der Lehrer stellte ihm dieselbe Frage, und dieser Mann antwortete: »Ich würde ganz gewiss nichts ändern. Es gibt nichts zu ändern. Alles ruht in seiner Mitte.« Daraufhin ernannte ihn der Lehrer zu seinem Nachfolger. Aufgrund seiner Worte, dass alles in seiner Mitte ruhe, wurde er als »Herr Mitte« bekannt – auf Türkisch: Merkez Efendi. Er wurde ein berühmter Heiliger. In Istanbul trägt ein ganzer Stadtteil den Namen Merkez Efendi, und sein dortiges Grab wird noch immer jedes Jahr von Tausenden besucht (obwohl es, nachdem die Türkei eine Republik geworden war, verboten wurde, Gräber [von Heiligen] zu besuchen).

Ich will auf das Beispiel des Überquerens des Stegs zurückkommen. Wenn es Gottes Wille ist, dass du den Steg überquerst, wirst du ihn, ganz nach deiner Wahl, überqueren oder nicht; doch eine weitere Entscheidung besteht darin, auf welche Art und Weise du den Steg überquerst – achtsam oder nachlässig –, was nichts mit

Gehorsam oder Ungehorsam zu tun hat. Erkennst du also, dass, falls du dich dafür entscheidest, dem Wunsch Gottes zu gehorchen, und beschließt, den Steg zu überqueren, du dich dann wiederum für die Art deines Überquerens entscheiden musst? Ob du es sofort tust oder es verschiebst, ob du den Steg achtsam und erfolgreich überquerst, oder ob du das Überqueren unvorsichtig anstellst und mittendrin hinunterfällst und alles zu einer anderen Zeit noch einmal beginnst – deine Entscheidung liegt darin, achtsam zu sein oder nicht.

Ein weiterer Punkt, der den Aspekt der Dringlichkeit betrifft, ist, dass es der Vorbereitung einer universalen inneren Plattform bedarf, die nur errichtet werden kann, wenn aufseiten vieler eine universelle Akzeptanz der inneren Wahrheit vorhanden ist. Solange diese Plattform nicht zustande kommt, kann die vollkommene innere Manifestation für die Akzeptanz dessen, was als »das zweite Kommen Christi« bekannt ist, nicht universal geschehen. »Taktiken der Panikmache«, um Menschen zu »motivieren«, sind ganz gewiss unnötig und sicherlich unwürdig.

In der Tat ist die Welt im Wesentlichen vollkommen. Gäbe es doch bloß genug willige Menschen der Gnosis. Die Dringlichkeit, die einige Lehrer ausdrücken, liegt wahrscheinlich in ihrer Eile begründet, noch zu ihren Lebzeiten das Instrument zu sein oder zu werden, das die Wirklichkeit so vielen wie möglich vermittelt. Es zu versuchen, ist sehr lobenswert, und tatsächlich ist es notwendig, dass jeder Mensch einer anderen Person von der Wahrheit berichtet, die er kennt. Aber einem Menschen durch Panikmache Glauben und Motivation einzujagen, zielt nicht nur an der Sache vorbei, sondern ist auch unwürdig.

Es ist schwierig, dies jemandem – geschweige denn dir mit deinem sehr lobenswerten, hinterfragenden Geist – »mittels des geschriebenen Wortes« zu erklären, egal, ob ich es bin, der es versucht, oder jemand anderes.

Der Atem des *Raḥmān*

—

58 Beshara, wenn man innehält und darüber nachdenkt, ist in Wirklichkeit nichts weiter als ein Bühnenbild für eine hochkarätige Aufführung einer Szene, in welcher »der Mensch« ein oder zwei Schritte macht. Was diese fördern möchte, ist das, was für jede und jeden bereits selbstverständlich ist, die oder der auch nur ein kleines bisschen in Beshara studiert und ein gewisses Verständnis davon erhalten hat.

Ist nicht die Natur der Atem des *Raḥmān* [Barmherzigen]? Können wir uns des *Raḥmān* bewusst sein ohne dessen *nafas* (Atem) und dessen *ta'nafas* (Ausatmen)? Ist das möglich? Verdirbt oder zerstört ein bewusster Mensch in irgendeiner Weise – oder wünschte er sich dies jemals auch nur – den vollen Ausdruck des *Raḥmān,* den der vollkommene Mensch umschließen und beinhalten muss?

Der Name *Badī'*

—

59 *Al-Badī'* bedeutet »der schöne Erbauer«. Seine Konstruktion, also das Allerschönste, ist Sein Abbild aus Schlamm, in welches Sein Selbst und Sein Geist gelegt sind. Bei der Geburt wird Schlamm in derselben schönen Konstruktion wiederbelebt und die Mutter ist das mitfühlende Selbst (*nafs ar-Raḥmān*). Dies ist der Prozess der Natur, und die Natur ist *an-nafs ar-Raḥmān* [das mitfühlende Selbst oder die Seele der Barmherzigkeit], der Name Gottes und der Name des Abbildes jenes ursprünglichen Prototyps der Liebe, die zu ihrem eigenen Objekt wird und damit zu ihrem vollumfänglichen Abbild und folglich zu ihrem eigenen Subjekt.

Der Zustand von *Hū*

—

Was ist der Zustand von *Hū*? Bis zur Ebene der *ta'ayyun sāni* (zweiten Partikularisierung [oder: Determination, Bestimmung]) »ist *Hū* noch *Hū,* aber nicht Er«. Das bedeutet, dass die wesentliche Relativität der [Göttlichen] Namen und Eigenschaften, obschon in der *ta'ayyun awwal* (ersten Partikularisierung) entworfen [oder: geplant], noch nicht als Göttlichkeit ausgedrückt ist. Dies ist die innere Offenbarung, Empfängnis und Überlegung.

Der ›Zustand‹ von *Hū* entsteht im Hinblick auf die Göttlichkeit und die Manifestation und die Verbindung der Bogen,* worin sich die qualitative Diener-Herr-Beziehung ausdrückt, und zwar nicht als zwei Wesenheiten, sondern als: »Das Geheimnis der Herrschaft bist Du«,** das heißt die äußere Manifestation. Zwischen den Bogen manifestiert sich der vollkommene Mensch im Sinne des Vizeregenten [Nachfolgers], aber die Individuation auf der Ebene der Verbindung [der Bogen], des *Hū,* ist die mohammedanische Heiligkeit. Von dieser Ebene aus ist alle Relativität durchtränkt mit der Einzigartigkeit dieser Station, alles manifestierend und die Einzigartigkeit der Ipseität von allem aufrechterhaltend, nach innen wie nach außen.

Weshalb wird der vollkommene Mensch ein *barzakh* genannt? Obwohl der ›Zustand‹ von *Hū* bei der Verbindung der Bogen eintritt, liegt sein Ursprung im *ghayb* [Verborgenen] und ist die Wirklichkeit der Einzigartigkeit auf jeder wesentlichen wie manifestierten Stufe. Dies ist der *barzakh* [der Isthmus oder die Zwischenwelt]; von der Stufe der Einzigartigkeit der Ipseität (der Wirklichkeit des Propheten Mohammed) [aus betrachtet], ist er die Wahrheit und der Begriffsinhalt jeder darauffolgenden Stufe, aufgrund seiner ursprünglichen Absolutheit.

* Gemeint ist »Gottes Isthmus-gleiches Wesen zwischen dem Bogen des Notwendig-so-Seins und dem Bogen der Möglichkeiten«; vergleiche BÜLENT RAUF: *Unterwegs in der Einheit des Seins,* Xanten: Chalice Verlag, 2017, Fußnote Seite 72.

** Aus den *Ḥikam al-'Aṭā'iyya* des Ibn 'Aṭā Allāh al-Iskandarī (gestorben 1309).

Die Göttlichen Namen zu Rate ziehen

—

Wenn Leute aus bloßer Neugier die [Göttlichen] Namen konsultieren [oder: zu Rate ziehen], ist dies nicht angemessen. Die Namen sind die Namen der Wirkweise Gottes. Menschen, die nichts darüber wissen und daher nicht über die notwendige Ehrerbietung gegenüber dem artikulierten Klang dieser Wirkweise verfügen, sollten sich nicht selbst diesen oder jenen Namen geben. Du musst wissen, dass jeder der Namen all die anderen enthält. Aber der Grund, dass eine Person nach einem spezifischen Namen benannt wird, liegt darin, dass dieser Name entweder das Überwiegen der entsprechenden Eigenschaft in der wesentlichen Neigung dieser Person (wegen ihrer verwirklichten Möglichkeiten in der Gegenwart des Unerkennbaren) unterstreichen soll oder aber, dass ihnen genau hinsichtlich dieser Qualität etwas fehlt, das sie stärker verwirklichen soll.

Ich stimme also mit Shakespeare darin überein: »Was uns ›Rose‹ heißt, wie es auch hieße, würde lieblich duften«;* daher nenne dich, wie du möchtest, solange du dir der Tatsache bewusst bist, dass du Seinen Namen trägst; und so wirst du in deiner essenziellen Individuation eine Resonanz mit diesem Namen finden und gleichzeitig wissen, dass du all die anderen beinhaltest.

Ausdrucksformen der Liebe

AN RESHAD, 14. FEBRUAR 1972

Ich sende dir all meine Liebe zum Valentinstag, an dem alle Liebe fließt wie der Saft, der Mitte Februar den Ast emporsteigt, – auch die fleischliche, die der physische Ausdruck des Selbsts auf der ersten, also der untersten Sprosse der Leiter ist.

Für die Zukunft wünsche ich euch allen einen höheren Ausdruck eures Selbsts, eine deutlich erhabenere Haltung der Liebe –

* William Shakespeare: *Romeo und Julia,* Zweiter Akt, zweite Szene.

was im Übrigen, aber nur nebenbei, die erste Sprosse nicht ausschließt. Denn indem sich die Liebe entwickelt und wächst, lässt sie niedrigere Formen nicht fallen, sondern schließt diese vielmehr mit ein. Was geschieht, ist, dass die Betonung auf höhere Grade der Liebe gelegt wird und die zuunterst gelegene Sprosse der Leiter einfach ein Trittstein für den Aufstieg bleibt, dem, im Hinblick auf das zu erreichende Ziel, kein größerer Stellenwert eingeräumt wird als der bereits zurückgelegten Wegstrecke. Tatsächlich haben solche ersten Schritte der Liebe innerhalb der Mauern von Beshara nur dann ihren Platz, wenn sie zu höheren Formen der Liebe sublimiert werden.

Waschungen und die Bedeutung der Liebe

—

Möge Er euch eine angemessenere Dankbarkeit gewähren für das große Geschenk des Wissens, das er nicht allen gibt, sondern nur wenigen, möge Er euch ein besseres Verständnis Seiner unermesslichen Wege und Möglichkeiten gewähren und möge Er euch alle zu einem wahren Abbild Seiner Manifestationen machen und Sich in jeder und jedem von euch erfüllen, die ihr nicht anders seid als Er – wenn ihr doch nur verstündet!

Bei den Waschungen [vor dem rituellen Gebet] ist, außer der Bitte, dass Er deine Waschungen als geweihte Reinigung annehmen möge, kein [besonderes] Gebet nötig. Dafür widmest du deine Waschung, bevor du damit beginnst. Alles, was du sagen musst, ist ungefähr dies: »Bitte, Gott, nimm diese meine Waschung als eine echte an!« Und dann beginnst du in Seinem Namen. Nach dem Widmen der Waschung (das *nīya* genannt wird, was »Absicht« bedeutet) sagen die Mohammedaner und eigentlich alle Muslime: »Im Namen des Allerbarmherzigsten und Allergnädigsten«, und beginnen dann mit den Waschungen. Nur das Waschen allein, also ohne *nīya,* ist keine Waschung. Die Absicht, das Ziel, muss ausgesprochen werden.

Und nun zum Wichtigsten: Der Text [jenes Hadith *qudsī*] lautet: »Ich war ein verborgener Schatz und Ich *liebte* es, erkannt zu werden.« Das Wort der Liebe war am Anfang der Dinge! Und Ibn

ʿArabī hätte es nicht anders zitieren können. Er [Gott] sagte nicht: »Ich war ein verborgener Schatz und *sehnte* Mich danach (oder *wollte*), erkannt [zu] werden.« Vielmehr sagte Er: »... und *liebte* es, erkannt zu werden.« Diejenigen, die verstehen, erkennen einen großen Unterschied und eine großartige Erklärung darin – wenn du doch nur wüsstest! Es gab mehrere Ägypter, die den Refrain der Liebe aufgegriffen haben, und Folgendes ist wichtig: Der größte Exponent dieser Liebesbeziehung ist Rūmī.

Sexuelle Liebe

AN RESHAD, 14. FEBRUAR 1972

Du selbst, mein lieber Reshad, hast mir in Konya von dem weißhaarigen Gentleman erzählt, den du in London in einem Taxi getroffen hattest, und dich etwas herablassend dahingehend geäußert, dass er eine schlechte Presse in den Londoner Klatschspalten habe, weil er von einem Bett ins nächste hüpfe. Wie auch immer, jeder von uns hat dazu seine eigenen Ansichten. Ich sage, dass man nicht gleichzeitig zwei Herren dienen kann, besonders dann nicht, wenn »dein Gott ein eifersüchtiger Gott ist!«, wie es im [Alten] Testament heißt. Und die erste Form des Selbstausdrucks, die sexuelle Liebe, die Liebe in ihrer tiefsten Erscheinungsform, der animalischen Gestalt, ist sehr verschlingend und klammernd. Aber niemandem sollte sein Vorstrafenregister vorgehalten werden. Du bist nicht der *Māliki yaumi d-dīn* (der König am Tag des Gerichts). Er allein ist es, und Er wird richten oder nicht richten oder vergeben, wie Er will.

Leidenschaft

—

Ibn ʿArabī sagt in den *Fuṣūṣ al-ḥikam,* im Kapitel über Aaron: »Leidenschaft an sich ist nichts weiter als der Wille der Liebe zu einer Art Bild unter [vielen] Bildern«, was heißt, dass sie Liebe ist, die auf ein bestimmtes Objekt konzentriert ist und dieses jedem anderen Objekt vorzieht. Nun, wenn wir etwas »lieben«, hinterfragen wir in der Regel nicht, warum wir es etwas anderem vorziehen; wir gehen einfach davon aus, dass es dieses Gefühl in uns ausgelöst hat. Daher neigen wir dazu, das Hervorrufen des Gefühls durch das Ding als universal und objektiv zu erachten, und sind dann sehr überrascht, wenn andere Menschen unsere Meinung nicht teilen; dies ist eine Tatsache, die auf ein Missverständnis des Vorgangs des Sich-Verliebens hinweist. Wenn wir allerdings den umgekehrten Standpunkt einnehmen und sagen, dass das bevorzugte Objekt immer das Bild unserer Leidenschaft ist, nämlich der Liebe, die uns aufgrund der Tatsache innewohnt, dass wir nach Seinem Ebenbild geschaffen wurden, wird es (das Objekt) zu einer spezifischen äußeren Manifestation unseres inneren Verlangens (was es zum Bild der Leidenschaft macht). Wäre das Objekt nicht schon immer ein Bild unserer Leidenschaft gewesen, hätte dieses Gefühl erst gar nicht in uns entstehen können.

Der Begriff »Bild der Leidenschaft« weist überdies darauf hin, dass Leidenschaft als solche sich niemals manifestieren kann und immer im Inneren bleibt – ein Punkt, der eigentlich offenkundig ist, da die Leidenschaft, sobald ein Bild unseren Wunsch vollständig erfüllt, per Definition erlöschen müsste, was unmöglich ist. Die Leidenschaft wird sich immer von diesem Bild trennen und sich an ein anderes heften, nicht unähnlich der Person, die davon träumt, ein Auto zu besitzen, und dann, sobald sie es besitzt, ein größeres und besseres will. Dabei haben wir es hier ganz und gar nicht mit einer Person zu tun, die ein Auto verehrt, sondern vielmehr die verschiedenen Bilder ihrer inneren Leidenschaft und sonst nichts. Deshalb weist Ibn ʿArabī so treffend darauf hin, dass das Einzige, was verehrt wird, die Leidenschaft ist – und das wiederum deshalb, weil diese im Herzen wohnt, und nicht aufgrund irgendwelcher äußeren Umstände. In anderen Worten: Leidenschaft verehrt Leidenschaft.

Liebe entspringt – also für uns – der Sublimierung der Leidenschaft, was wir beschreiben könnten als ein Beiseitelassen des Willenselements, eines Bestandteils der Leidenschaft. Wille, Erwartung, Selbstgefälligkeit – all das ist in diesem Fall gleichbedeutend, und deren Abwesenheit bringt den Diener dazu, jede Offenbarung, die von seinem Herrn zu seinem Herzen kommt, vollständig anzunehmen: vollständig annehmend und vollständig zufrieden und doch immer auch sehnsüchtig nach mehr von seinem

Herrn. Das ist das Drehen des Herzens nach Seinem Wunsch. Und deswegen ist die wahre Leidenschaft die Liebe Gottes.

Liebende

—

Liebende geben mit absoluter Hingabe, mit der Liebe des Gebens, bedingungslos, mit vollkommener Liebe. So gibt Er, und so geben wir alle, die wir Ihn wirklich lieben, ohne dass die oder der Gebende anders ist als Er, ohne dass der oder die Empfangende, anders ist als Er, weil es außer Ihm nichts anderes gibt. Er ist der Geber, der Abrechner, der Berechner, der Empfänger, und alles andere verblasst – und auch, was bleibt, ist, wie es immer war: Sein Antlitz, Seine Schönheit, die reine Schönheit ist und nicht charakterisiert durch Schönes. Das ist, was sich gebührt; wozu also braucht es das Gebet? Das Gebet findet zwischen zweien statt: demjenigen, der betet, und demjenigen, zu dem gebetet wird. Wenn es nichts gibt als *ein* Einziges, eine allumfassende, vollständige, eine pure Gesamtheit von Einzigkeit, dann wird das Gebet zur nutzlosen Selbstversicherung. Es ist nicht genug, all diesen Dingen gegenüber zu sterben. Man muss sich selbst gegenüber sterben.

Der Weg von Schwester und Bruder

AN RESHAD, 15. FEBRUAR 1972

Enge Zusammenarbeit und innigste Harmonie – das ist der Weg von Schwester und Bruder. Ich bezichtige dich keinesfalls, mit ihr eine sexuelle Liebesbeziehung gehabt zu haben oder zu haben oder eine solche zu wollen. Nein, das sage ich ganz bestimmt nicht. Was ich sage ist Folgendes: Sie ist in dich verliebt, und du entfachst und verlängerst ihr Verliebtsein – größtenteils unbewusst. Nun ist es wahr, dass ein Psychoanalytiker, der eine tiefere Form eines Scheichs darstellt, sehr oft zum Objekt einer starken Anhänglichkeit von Seiten seiner Patientin oder je nachdem seiner Schülerin wird. Ein starker, erfahrener Lehrer (Scheich) oder Psychoanalytiker weiß, wie er mit solchen Dingen umgehen muss, und leitet alle derartigen Manifestationen in die richtigen Kanäle und ermöglicht es ihr, ihre Leidenschaft zu einer höheren Form der Liebe zu sublimieren, aus welcher sie dann beide als Bruder und Schwester in gegenseitiger Bewunderung und Respekt hervorgehen. In diesem Punkt tust du nicht genug. Jetzt ist der Zeitpunkt gekommen, da du ihr helfen musst mit Freundlichkeit, leidenschaftsloser und brüderlicher Liebe und der Achtsamkeit eines Mönchs gegenüber der Blume im Klostergarten. *Verstehst du das?* Ich wiederhole: Ihr beiden seid für Beshara unentbehrlich. Es gibt keinen anderen Weg. Beshara gehört nicht dir, Reshad. Es gehört etwas viel Größerem. Wach auf, um Himmels willen!

Alle Liebe muss Ihm gelten

—

Selbstverständlich muss alle Liebe Ihm gelten. Ist es etwa nicht wahr, dass das Ganze den Teil beinhaltet? Also umfasst alle Liebe zu Ihm auch alle Lieben entsprechend ihrem angemessenen Anteil. Weder gibt es Traurigkeit noch Kummer, nicht einmal aufgrund unerwiderter Liebe, wenn die Liebe in Gänze Ihm gilt und dadurch auch deren weiteren weltlicheren, berechtigten Ausdrucksformen eingeschlossen sind; und dies gilt ebenso für alles andere.

Daher ist die einzige Frage die, ob das, was in mir ausgelöst wurde, seine Berechtigung hat – das heißt, entspricht dieser Teil dem Ganzen? Wenn dem so ist, geschieht es wiederum durch Seine Führung, dass er aufgelöst wird und so das essenzielle Erste mit den Details seiner relativen Ausdrucksformen automatisch in den Bereich des Essenziellen fällt. Wenn du erst einmal weißt, dass dies ausnahmslos wahr ist – also auch dann, wenn es nicht danach scheint –, dann vertraust du, und das vertrauende Herz erleidet weder Traurigkeit noch Kummer, weil es keine Ernüchterung erfährt.

Tatsächlich »findet das Gespräch letzten Endes mit Ihm statt, und es ist immer da«, beziehungsweise ›hier‹ oder überall – also sprich immer mit Ihm. Er ist der beste, der vertrauteste und der engste Freund, Den du hast. Mit Ihm zu sprechen, ist auch ein Wieder-Gedenken und es erfüllt das Herz.

Die Station der Liebe

—

Nach den »vier Pforten«* gibt es eine »Station« [*maqām*], zu der alle Stationen hinführen, einschließlich der »vier Pforten«, die Stationen sind auf dem Weg dorthin. Doch auch die danach kommenden Stationen existieren wegen ebendieser »Station« – nämlich der Station der Liebe.

Nun ist Liebe die Bewegung von Schönheit. Ibn ʿArabī – und all die anderen – sagen, dass Liebe an sich kein Ziel darstellt, das es zu erreichen gilt. Es ist die Schönheit, die das Ziel der Liebe ist.

Was ist also in dem Fall die Station der Liebe – die ultimative, zu der sämtliche Stationen, vor und nach ihr, führen? Und zu der alle »vier Pforten« als Eingang dienen, als Orte, durch die man diese Station aller Stationen betreten kann, für die all diese anderen Stationen nichts weiter sind als Seinszustände, *aḥwāl* [Singular: *ḥāl*]?

Schönheit ohne den Ausdruck ihrer Schönheit ist ebenso unvorstellbar wie Leben, das nicht lebt. Wenn Schönheit sich ausdrückt, ist das, was ausgedrückt wird, Schönheit. Wer ist dann die ausgedrückte Schönheit im Gegensatz zu der Schönheit, die sie zum Ausdruck gebracht hat? Sie sind notwendigerweise ein und dasselbe. Ist in diesem Fall die Schönheit, die das äußerste, das einzige Dasein, die eigentliche Absolute Schönheit ist – kein als »schön« adjekiviertes Ding, sondern die Schönheit als pure Schönheit selbst und nicht als Anmutsfülle oder irgendeine andere derartige Bezeichnung – zu zwei geworden? Nein, gewiss hat das Schöne nichts anderes getan, als notwendigerweise seine eigene Schönheit zum Ausdruck zu bringen – und dieser Ausdruck ist nichts anderes als es selbst. Folglich ist auch das andere es selbst und die »Zweiheit« ist nichts anderes als es selbst, so, wie es von zwei Perspektiven des Einen aus gesehen wird.

Hier ist zwei wirklich eins, und das ist es, was nach deiner »vierten Pforte« als die Wirklichkeit der Wirklichkeiten verstanden wird,

* Mit den »vier Pforten« (oder Chakren) sind gemeint: Wunsch, Hoffnung, Glauben und Hingabe.

als die Wirklichkeit Mohammeds. (Diese Wirklichkeit führt in der Folge zu Nummer drei: der Immanenz, der Pluralität, der Kollektivität, den Universen, den Präsenzen, der Schöpfung. Doch alle diese sind nichts als Konzepte und sie haben keine andere Wirklichkeit als die Wirklichkeit, die sie hervorbrachte; aber weil es die Wirklichkeit ist, die sie erzeugte, sind sie ebenso wirklich und nichts anderes.) Doch darum geht es nicht; worauf wir hinauswollen ist das Folgende: Wenn die zwei-einen dieselbe Schönheit sind, dann sind sie gegenseitige Ausdrucksformen voneinander – wobei jedes, wie wir uns erinnern, nichts anderes ist –, und der Elan ihrer Ausdrucksformen, die Bewegung dieses Ausdrucks, ist Liebe. Diese Liebe, Liebe auf dieser Station, ist der Zustand (*ḥāl*) des vollkommenen Menschen, und der vollkommene Mensch ist kein anderer.

Anziehung, Wahnsinn, Pflicht und »stirb, bevor du stirbst«

AN RESHAD, 1973

Sie ist momentan in einem Verliebtsein, das bei manchen Menschen den als *dschasb* (Anziehung) bekannten Zustand bewirkt. Menschen, die sich im Zustand der *dschasb* befinden, sollten vom Lehrer eine genaue Beobachtung erfahren. Sie sollten zu manueller, Konzentration erfordernder Arbeit ermutigt werden und ihnen sollten die folgenden *wazīfa*s aufgetragen werden: *Salām* [Frieden, Vollkommenheit], *Ghafūr* [immerwährendes Verzeihen], *Ḥalīm* [Freundlichkeit, Nachsichtigkeit], *Ḥafīẓ* [Bewahren], *Wakīl* [Behüten] und so weiter, mit denen sozusagen die Verantwortung vielmehr Ihm als dem Schüler oder der Schülerin auferlegt wird. Letztendlich muss ihnen vermittelt werden, dass die Vollendung der Vollkommenheit an und für sich nur in Ihm möglich ist, während für einen Menschen im relativen Zustand eine solche Vollkommenheit unmöglich ist.

Zwar stimmt es, dass die Vereinigung während des relativen Lebens geschehen kann, aber in solchen Fällen wird der relative Mensch, der die Einheit erreicht hat, dies nicht publik machen. So befindet er sich, auch wenn er ausgeglichen wirkt und jedem relativen Menschen ähnlich zu sein scheint, in Wirklichkeit im Zustand von *wadschd* [Verzückung] – weder schläft er, noch befindet er sich hier auf der Erde. Dann wird er erweckt und nimmt seinen Alltag als normaler Mensch wieder auf. Diesen Zustand nennt man *mūtu qabla* [*anta mūtu*] und er bedeutet, »du bist tot, bevor du tot bist.« Ein Zustand, der gewiss nur sehr selten erreicht wird.

Die Zustandsversetzung des Todes

—

Die Übersetzung von einem Aspekt des Seins in einen konstanteren – einen dauerhaften Seinszustand, den wir als »Tod« bezeichnen – geschieht, wenn der ihm unterworfene Mensch dafür bereit ist. Und dies ist er nicht, bloß weil er glaubt, er sei bereit; weil er nicht um all das weiß, was ihn in diesem Leben noch erwartet, kann er auch nicht wissen, ob er nun bereit ist oder nicht. Es geschieht, wenn das, was er wesenhaft ist, was nichts anderes ist als seine Essenz, welche Er ist, reif und bereit ist für die Zustandsversetzung. Dies ist kein Grund zur Beunruhigung. Tatsächlich denkt man, wenn das Vertrauen in Ihn vollständig und bedingungslos ist, noch nicht einmal darüber nach, geschweige denn, dass man es sich herbeiwünscht oder Vermutungen darüber anstellt.

Es ist wirklich harte Arbeit, doch ebenso ein echtes Vergnügen, an sich selbst zu arbeiten, um zu erkennen, dass alles Einssein ist. Es ist wahr, dass »es so ist, als seien alle Dinge aus einer leuchtenden Dunkelheit hervorgegangen«.* Was uns wie eine Leere anmutet, ergibt sich daraus, dass es dort, in dieser strahlenden Dunkelheit, weder Form noch Bild gibt. Bei genauerer Betrachtung ist eine »brillante Dunkelheit« ein Widerspruch in sich selbst, und tatsächlich ist alles auf dieser Welt ein Gleichgewicht von Unterscheidungen durch Gegensätze, und das Bild, das wir von dieser Einheit auszudrücken vermögen, muss in Form der Sprache dieser

* Bülent, der sich in der Geschichte Ägyptens hervorragend auskannte, zitiert hier wahrscheinlich eine Stelle aus dem *Amduat* (wörtlich: »Dem, was im Jenseits ist«, Untertitel: »Die Schrift der verborgenen Kammer«), dem ältesten der altägyptischen Jenseitsbücher, das in arabischer Übersetzung als *Kitāb al-'ākhira* (Buch vom Jenseits) bekannt ist.

Welt daherkommen. Das ist der Grund dafür, dass man einen Widerspruch in sich selbst heranzieht, um der Wirklichkeit der Situation Ausdruck zu verleihen. So lässt sich verstehen, wie notwendig aufgrund dessen ein Gleichgewicht ist, das man, davon bin ich überzeugt, mit der Zeit erlangen wird.

Die Gegensätze

AN RESHAD, 20. JULI 1973

Hör zu: Wenn die Essenz Sich manifestiert, ist, da es natürlich nichts anderes als Ihn gibt, das Ergebnis der Manifestation Sein Bild im relativen Zustand. Abgesehen selbstverständlich vom *insān al-kāmil* [dem vollkommenen Menschen], der die Einheit (der Existenz mit Ihm) erreicht hat und der dann Sein vollständiges und vollkommenes »Abbild« ist (doch sogar das Wort »Abbild« ist hier unangemessen). Wie dem auch sei, auch dann ist der *insān al-kāmil* sowohl das Absolute als auch das Relative, und dies ist seine Lage – dass er in beiden [Zuständen] bleibt, bis er stirbt. Aber das ist nicht unser Thema. Uns beschäftigt das Relative, das aufgrund seiner Natur nach Polarität verlangt. Anders ausgedrückt: Es erfordert Gegensätze, damit Stufen der Relativität *möglich* werden. Sonst gäbe es kein Dunkel im Gegensatz zum Licht und so weiter. Diese Relativität verursacht die Frage der persönlichen Wahl und die Existenz von Richtig und Falsch, Dunkelheit und Licht und so fort – das eine ist die Antithese des anderen –, die Polarität und so weiter. Dunkelheit bedeutet Distanz zum Licht. Stolz ist eine der Hauptursachen für die Entfernung vom Licht.

Der Stolz auf sich selbst, wie er veranschaulicht wird durch die Weigerung Satans [sich vor dem Menschen niederzuwerfen], ist die Hauptursache; weil Stolz auf sich selbst notwendigerweise eine andere Existenz voraussetzt als das eine Dasein.

Übrigens hast du falsch zitiert. Es heiß nicht: »Ich bin Er und Er ist ich, aber ich bin nicht Er.« Das klingt eher nach Geschwätz als nach Weisheit. Das Zitat lautet in Wahrheit: »Er ist Ich (das heißt, wenn ich meine Einheit mit Ihm verwirkliche, bin ich nicht anders als Er; aber ich bin nicht Er).«

»Lass mich nicht allein mit mir selbst«

—

Entspringt es nicht nur einer Laune, wenn der wahre Liebhaber sagt: »Du liebst mich nicht genug«, obwohl er sich sicher ist, dass du nichts anderes liebst, doch er es so sagen muss, damit du deine Liebe noch stärker zeigst? Und wenn in diesen Situationen »alte Denkmuster sich einschleichen«, sind sie dann nicht das, was unbedingt von unserem Selbst reingewaschen werden sollte mit leidenschaftlicher Anrufung des *Raḥmān al-imtinān* (des mildtätigen Barmherzigen, Der auch ohne Verdienst großzügig schenkt)? Sag zu Ihm: »Ich appelliere an Deine mitfühlende Seligkeit ohne Bedingung, ohne Verdienst, und erwarte sie von Dir, Der Ich bin, ohne dass es mich gibt«, und dann füge hinzu: »Lass mich um Deinetwillen nicht allein mit mir selbst, auch nicht für einen Augenblick, weil mein Selbst, das anders ist als Du, eine nicht-existierende Leere ist, und lass keine Leere zu.« Du wirst feststellen, dass dies das Gefühl, nicht recht weiter zu wissen, wieder in Ordnung bringen wird.

Die Stärkung unserer Verbindung mit Ihm

—

Ich kann nichts anderes erkennen als Seinen Wunsch, dich zu unterweisen und dich in der Stärkung deiner direkten Verbindung mit Ihm voranzubringen, trotz des nebligen Labyrinths, das des Menschen Hand aus Seiner Immanenz macht: jener Immanenz, welche die Natur ist und damit nichts anderes als die *nafs ar-Raḥmān* [Seele der Barmherzigkeit], um das Bild Seiner Liebe und Schönheit zu spiegeln und zu erhalten.

Deshalb: Ärgere dich nicht über [wie du schreibst] »den Einfluss auf mein Bewusstsein, das die Arbeit und die weltlichen Geschäfte auf mich haben«. Bleib dankbar »für die Lektionen«, doch »dies ist« nicht, »wie Er Sich selbst zeigt«.

Was wir sehen, ist die schummrige Sicht durch den Nebel. Was wir durch den Nebel wahrnehmen *sollten,* ist die Schönheit, die

Ordnung und die Vortrefflichkeit Seiner Wege. Was wir *sehen* sollten, ist Ihn durch das, was Er zu sein scheint, aber wir sollten Ihn nicht für das *halten,* was Er zu sein scheint. Was zu sein scheint, ist eine Verunreinigung dessen, was ist.

Lass mich, im Sinne eines Exkurses, soviel sagen: Wenn du dabei behilflich und nützlich bist, dass Menschen sich bessern mögen, kommt dies einem Einstehen für sie gleich, und für sie ist es ein Bestätigen und Akzeptieren, wenn nicht einer Unvollkommenheit so doch zumindest eines Mangels und eines verbesserungswürdigen Aspekts. Daher kann dies zur Quelle des Hasses auf den Helfer werden in dem, dem geholfen wird; dies erfolgt natürlich unterbewusst, ist aber dennoch eine Undankbarkeit.

Gottes Freigebigkeit

—

Gottes Großzügigkeit gegenüber dem Menschen ist konstant, wenn auch nicht immer offensichtlich. Es braucht Vision, um durch die Nebel des Alltagslebens die Fülle Seiner ständigen Fürsorge und Geschenke zu sehen. Du hattest eine Vision. Behalte diese Vision im Hinterkopf und sei dir gewiss, dass alles von Ihm stammt. Die Menschen von Beshara sind Kanäle. Der Vorrang deiner Dankbarkeit gilt der Ipseität [der Selbstheit] selbst. Nimm ständig vor allem Zuflucht bei Ihm, einschließlich vor dir selbst.

Eine Geschichte über die Jungfrau Maria, die Helferin

AN RESHAD, 15. FEBRUAR 1972

Ich will dir eine wahre Geschichte erzählen, die einer meiner Cousinen passiert ist. In ihrem Schlafzimmer stand eine Terrakotta-Statue der Heiligen Jungfrau Maria, die sie aus Spanien mitgebracht hatte. Nach der Revolution in Ägypten, während der sie all ihren Besitz und ihr

Einkommen verloren hatte, fand meine Cousine das Leben ziemlich hart. Eines Tages brauchte sie dringend Geld, das sie bis zum Freitag der Woche auftreiben musste – für die Miete oder etwas in der Art, ich erinnere mich nicht mehr genau. In ihrer Verzweiflung wandte sie sich an die Jungfrau und sagte: »Wenn du die Jungfrau bist, die Helferin, die Mutter, die Gütige und Wohltätige, füge es so, dass ich bis Freitag 50 Pfund erhalte.«

Am Freitagnachmittag erhielt ihr Gatte einen Anruf von ihrem Bruder, den sie – wie wir alle – überaus liebte. In einem sehr mysteriös klingenden Tonfall bat er seinen Schwager, sofort in seine Wohnung zu kommen – es sei dringend und äußerst wichtig. Der Gatte meiner Cousine beeilte sich, zur Wohnung seines Schwagers am anderen Ende der Stadt zu gelangen. Als er dort ankam, fand er die Wohnungstür offen vor, trat ein und rief nach seinem Schwager. Niemand antwortete. Schließlich ging er in dessen Schlafzimmer, und dort auf dem Bett lag der Lieblingsbruder meiner Cousine, tot. Er hatte soeben Selbstmord begangen. Neben der Nachttischlampe lag ein Umschlag, der an seine Schwester adressiert war. Der Gatte meiner Cousine nahm den Umschlag mit nach Hause, sie öffneten ihn – es befanden sich 50 Pfund darin. Zieh daraus deine eigenen Schlüsse und schreibe mir dann.

Die Wurzel *sch-l-m* im Hebräischen und im Arabischen

—

Zur Schreibweise von *schalom* und seiner Wurzel *sch-l-m:* Warren Kenton* stimmt der Ansicht zu, dass in der Geschichte der hebräischen Sprache *sch* und *s* einst austauschbar waren. Die ursprüngliche Wurzelform von *sch-l-m* war demnach *s-l-m,* was wir noch heute im Wort »Jerusalem« sehen und – gar noch ausgeprägter – im Namen von Salo-

* Warren Kenton (1933–2020), besser bekannt unter seinem jüdischen Namen Z'ev ben Schimon Halevi, war ein englischer Kabbala-Lehrer und Autor, der in den frühen 1970er-Jahren in London die Kabbalah Society gründete und anfangs auch als Schirmherr des etwa gleichzeitig entstandenen Beshara Trust amtierte. Ein Interview mit Kenton aus dem Jahr 2016 kann nachgelesen werden unter www.besharamagazine.org/kenton/.

mon, der, wie du siehst, selbst im Hebräischen nicht zu *sch* umgewandelt wurde.

Falls du deinerseits Interesse, Ernsthaftigkeit und Enthusiasmus aufbringst, wird der Text [über den wir hier sprechen] langsam mehr und mehr Orte finden, die für dessen Einführung offen sind. Geduld stellt einen der fünf wesentlichen Grundsätze dar, an die wir uns alle halten – Vertrauen, Gewissheit, Geduld, Entschlossenheit und Wahrheitsliebe.

Eltern und Kinder

—

78 Lass mich noch einmal all die guten Wünsche hinsichtlich des Kindes wiederholen. Weil Eltern ihre Kinder verdienen und Kinder ihren Eltern, ist dies ein Ausdruck des *nafs al-muṭma'inna* (des zufriedengestellten oder beruhigten Selbsts) und Er bezieht sich auf sie als *rāzyatin marziyya* [die mit Seinem Erlass Zufriedenen], was so viel bedeutet wie: »Er hat großen Gefallen an ihnen, und sie an Ihm« [Koran 9:100], was für diejenigen zutrifft, die in Sicherheit und Ruhe vor Ihm stehen. (Wir hoffen, dass wir alle in diesem Zustand zu Ihm zurückkehren werden.)

Der Weg des Herzens

—

79 Die Eins ist der Ursprung der Drei; wäre es daher nicht einfacher, vom Ursprung zu sprechen, der sich selbst in dieser Drei zeigt oder »aspektiert«? Gewiss liegt der Grund dafür, dass du denkst, Beshara sei deine Familie, darin, dass Er deine Familie ist, und Er ist das Leben, die Liebe und die Schönheit, die du so verehrst. Pflege den Kontakt mit Ihm durch das *wird* (Ibn 'Arabīs tägliche Gebete).* Du wirst dich nicht

* Mit *wird* (Gebet, Plural: *awrād*) sind in diesem Fall die »Tages- und Nachtgebete« Ibn 'Arabīs gemeint, die Bülent in Beshara einführte. Eine kommentierte deutsche Übersetzung findet sich in Muḥyīddīn Ibn 'Arabī: *Die sieben Tage des*

isoliert fühlen. Erinnerst du dich an das, was Rābiʿa al-ʿAdawiyya* sagte, als ihr Ehemann sie ins Gefängnis sperren ließ? Sie sagte: »Gott sei Dank, endlich bin ich nicht allein« oder »Endlich bin ich bei meinem Geliebten.« Und sorge dich nicht um deine »Einladung auf den richtigen Weg« – der Weg des Herzens ist der richtige Weg.

Der Weg zur Vereinigung

AN RESHAD, 30. APRIL 1972

Vor vielen Jahren überquerte ich jene Brücke in Oakland, um mir die Sequoia-Bäume und ihre Größe anzuschauen. Vielleicht, wie du auf deiner Postkarte schreibst, wer weiß, halten wir [zwei] die beiden Enden jener Brücke, um uns hinaufzuschwingen zur Ewigkeit und zur Wiedervereinigung, behindert nur durch die Irrtümer unseres eigenen Geästs, standhaft und entschlossen, wie aus einem Stück hoch hinaus zum Wissen und zur Liebe, die – niemals das eine ohne die andere – uns zur wahren Vereinigung mit dem Absoluten bringen und den Zustand des *Hū* erreichen lassen werden.

Damit du nicht länger warten musst, nenne ich dir den ersten Gedanken, der mir durch den Kopf ging bezüglich der Scheune mit dem Kuppelgebälk in Beshara:** *miḥrāb*. Es ist der Name der Gebetsnische hinten in Moscheen, und es wird gesagt, wahres Gebet erhalte seine vernehmbare Antwort aus der *miḥrāb* und jeder könne dort seine eigene *miʿrādsch* (Himmelfahrt zur Vereinigung) antreten.

Herzens – Awrād al-usbūʿ: Des größten Sufi-Meisters Morgen- und Abendgebete für jeden Tag der Woche, herausgegeben von Pablo Beneito und Stephen Hirtenstein, Xanten: Chalice Verlag, 2020.

* Rābiʿa al-ʿAdawiyya oder »Rabia von Basra« (ca. 714–801) war eine große Mystikerin und eine der ersten berühmten Frauen unter den Sufis.

** Gemeint ist eine Scheune auf der Swyre Farm, die Reshad und seine Studentinnen und Studenten damals dabei waren, zu einem Gebetsraum umzubauen.

Gepflogenheiten für den Konya-Besuch im Dezember

AN RESHAD, 5. OKTOBER 1971

Ich würde darauf bestehen wollen, dass eure Abreise und die Ankunft in Konya einen Nachmittag in der Stadt einschließt: [in eurem Fall] also den 16. und den ganzen Tag des 17. Dezembers einschließlich der Nacht. Wenn möglich, sollten alle, die Konya auf dieser Reise besuchen, in aller Demut, Empfänglichkeit, Treue und vollständiger Verbundenheit auch die folgenden Orte besuchen: (1) das Grab von Maulānā Dschalāl ad-Dīn Rūmī, das als das »Maulānā-Museum« bekannt ist, (2) das Grab von Schams-e Tabrīzī, (3) das Grab von Ṣadr ad-Dīn Qunāwī, dem spirituellen Sohn und Stiefsohn von Ibn ʿArabī und Erbe einiger seiner handgeschriebenen Bücher, die sich in der Yusuf-Ağa-Bücherci in Konya befinden.

Der Bibliothekar ist eine äußerst interessante und liebenswürdige Person, die ihr mit Zuneigung und Sanftmut behandeln solltet. Er selbst ist erfüllt von Liebe und lebt [und] atmet für die Liebe. Für ihn ist Ibn ʿArabī in Konya gegenwärtig. Seine Theorie lautet, dass, um Ibn ʿArabī zu verstehen, Ṣadr ad-Dīn Qunāwī gelesen und verstanden werden muss, und um diesen zu verstehen, wiederum Tabrīzī gelesen werden muss. Doch dies ist seine Meinung, und der Absolute kann in Seiner unendlichen Weisheit jedem jederzeit auf irgendeine Art und Weise Wissen über irgendetwas vermitteln. Sein Name ist Derviş Hasan Yürük, Direktor der Yusuf Ağa Kütüphane. Er gehört keinem anderen Pfad an als dem der Liebe. »In der Tat: Gott ist schön und liebt das Schöne.« [...] [Ihr werdet Konya vorfinden in einer] euphorischen Stimmung in Vorbereitung auf die *Scheb-i Arus,* die »Hochzeitsnacht«, die Nacht der Vereinigung, von der ich hoffe, dass es auch der Zustand aller sein wird, die dabei sein werden.*

* Jeweils am 17. Dezember, dem Todestag Rūmīs, wird dessen Vereinigung mit Gott vom Mevlevi-Sufi-Orden traditionell mit der Sema-Zeremonie der »drehenden Derwische« gefeiert.

Reisetipps für Istanbul

—

Da ich nicht weiß, wann genau deine Freunde die Türkei besuchen wollen, führe ich nachfolgend gewisse Orte auf, die sie sehen sollten, wobei ich wahrscheinlich viele andere vergesse, die für sie ebenso von Interesse sein könnten. Aber weil ich rund zwanzig Stationen aufliste, sollte es meiner Meinung nach für einen einwöchigen Aufenthalt ausreichen und ihnen einen recht guten Eindruck von der Architektur vermitteln. Ich habe versucht, die Orte nicht chronologisch, sondern eher geografisch aufzulisten, sodass es ihnen leichter fällt, einen nach dem anderen zu besuchen, bevor sie dann einen weiteren Teil der Stadt besichtigen.

I

1. Ich beginne mit der byzantinischen unterirdischen Zisterne – berühmt für die Konstruktion ihres Gewölbes, die Schichtung des Mauerwerks und die verschiedenen Kapitelle auf mehr als einhundert Säulen – gegenüber der Heiligen Sophia.

2. Die Heilige Sophia (Aya Sofya von »Hagia Sophia«) war die wichtigste byzantinische Kirche, erbaut im Stil der Basiliken mit einer Kuppel in der Mitte der Kreuzgänge.

3. Dahinter, noch vor den Haupttoren des Topkapi-Palastes, befindet sich der berühmte Brunnen von Sultan Ahmed III aus dem siebzehnten Jahrhundert. Als Nächstes sollte man durch die Tore gehen, wo man unmittelbar links dahinter auf die Kirche Aya Irini [Hagia Irene] trifft.

4. Die Kirche Aya Irini ist älter als alle anderen Kirchen und besitzt die wirklich typische, beinahe flache byzantinische Kuppel.

5. Danach geht man die Straße weiter hinauf bis zum zweiten Eingang zum Topkapi-Palast. Die herausragendsten Merkmale des Palastes sind seine Terrassen und die Pavillons. Neben den mit Fliesenarbeiten reich verzierten Pavillons, von denen zwei auf einer Marmorterrasse stehen, ist der Brunnen zwischen diesen beiden ein sehr wichtiges Charakteristikum aller türkischen Bauten. Brunnen sind nicht bloß Ornamente; abgesehen von ihrer Bedeutsamkeit als Wasserspender für die Passanten auf der Straße, sind sie

auch Resultat gebäudebezogener konstruktionstechnischer Überlegungen, unabhängig davon, ob es sich um Moscheen, Paläste, Privathäuser oder andere Bauwerke handelt.

6. In der Nähe steht ein Pavillon, bekannt als Mustafa Paşa Köşk [Häuschen]. Dieser Pavillon stammt aus dem siebzehnten Jahrhundert und stellt den Prototyp für die meisten türkischen Gebäude dar. Er erfüllt die Anforderungen an einen Salon, dass er ein *dhū-l wadschhāni* (Besitzer von zwei Gesichtern oder Aspekten) sein sollte – er verfügt über die eingebauten Sofas und zwei Türen auf beiden Seiten des Raumes, über die Nischen für Bücher, Blumenvasen, Servierplatten für Süßigkeiten und so weiter; in der Mitte des Raumes befindet sich ein Mangal, also ein Kohlenbecken, aus Messing.

7. Vom Topkapi-Palast aus kann man in Richtung des Archäologischen Museums hinuntergehen, auf dessen gegenüberliegender Seite der erste kleine Palast von Mehmed II (aus dem fünfzehnten Jahrhundert), dem Eroberer von Konstantinopel, zu finden ist – heute beherbergt er das Museum für [islamisch-türkische] Keramik. Im Inneren dieses Museums sollte der Konversationsraum Beachtung finden, der sich in der linken Ecke des Gebäudes befindet und einen Brunnen mit einem Wasserspiel vor dem Hintergrund von Pfauen besitzt.

8. Wenn man weiter bergab geht, kommt man unten zu den Bogen, die in die Innenmauern hineingeschnitten sind; auf der gegenüberliegenden Straßenseite steht ein sehenswerter und anders konstruierter öffentlicher Brunnen.

9. Noch weiter unten auf der Straße zum Meer stößt man auf der linken Seite auf die großen Tore der Hohen Pforte.

10. Diesen gegenüber auf der anderen Straßenseite hängt das Salām Köşk [Friedenshäuschen] oben über die Mauern hinaus, von dem aus der Sultan die Prozession der Amtseinsetzungen des Großwesirs beobachten konnte.

II

Für die nächste zu besichtigende Gruppe von Bauwerken geht es wieder den Hügel hinauf in Richtung der Hagia Sophia, der gegenüber sich die Blaue Moschee befindet.

11. Die Blaue Moschee ist für die Türkei überaus typisch und besitzt eine unverwechselbare Ansammlung von Kuppeln und Halbkuppeln, auch wenn ihr Inneres aufgrund der vier »Elefanten-

füße« genannten Säulen, welche die zentrale Kuppel tragen, als verschandelt gilt.

12. Von dort aus verläuft entlang des Hippodroms zur anderen Seite der Gärten hinüber eine schmale Straße, die den Hügel südlich hinunterführt. Auf halber Höhe dieses Hügels befindet sich die Sokollu-Mehmed-Pascha-Moschee, die auf einem terrassenförmig angelegten Hof erbaut wurde. Dieser Bau ist einschließlich seiner Terrasse ein Juwel einer Moschee, die vom berühmten Architekten Sinan für Sokollu Mehmed Pascha errichtet wurde, einen der berühmtesten Großwesire. Sie ist fast ein Symbol, eine Synthese, des Moscheebaus.

13. Den Hügel weiter hinab, fast schon an der Küste und neben den Bahngleisen erbaut, findet sich die Moschee Küçük Aya Sofya (was auf Türkisch »kleine Hagia Sophia« bedeutet), die aber einst »Kirche der Heiligen Sergius und Bacchus« genannt wurde. Es handelt sich um eine frühbyzantinische Kirche, etwa im vierten nachchristlichen Jahrhundert erbaut, die mit ihrer Kuppel im Stil von Melonenschnitzen, einem umlaufenden Fries aus behauenem Marmor und Inschriften in Kirchengriechisch sehr markant ist.

III

14. Der nun folgende Abschnitt sollte mit einem Blick von außen auf den »Eingang des Sultans« begonnen werden mit seinem ebenerdigen Tor und der Rampe, die hinaufführt zu den Rastquartieren, von denen man teilweise auf das Meer schauen kann. Dann geht es gegenüber in die eigentliche Moschee durch einen Bogengang, der wie ein kleiner Tunnel angelegt ist und sich zur Terrasse hin öffnet, wo die Yeni-Cami- oder: Neue Moschee, [auch] Valide-Sultan-Moschee [genannt], am Istanbuler Ende der Galata-Brücke steht.

15. Gehen wir um die Moschee herum, kommen wir zum Eingang des Gewürzbasars, der heute als der Ägyptische Markt bekannt ist und an dessen Kreuzung sich im Inneren noch immer der Balkon des Auktionators befindet, von wo aus früher Kamelladungen mit Gewürzen an die darunter stehenden Bieter verkauft wurden. Direkt hinter dem Eingang führt auf der rechten Seite eine in die dicken Tormauern eingebaute Treppe hinauf zum Restaurant Pandelli. Es ist sehr bekannt und belegt nun die früheren Büroräume des Basars mit ihren Kuppeln und Fliesenarbeiten und

ihren Fenstern, die einen Blick aufs Meer ermöglichen. Wenn es die Zeit erlaubt, lässt sich dort ganz gut zu Mittag essen.

16. Von hier aus, entlang des Südufers am Goldenen Horn weiter gegen Westen, stößt man auf der linken Seite ganz in der Nähe auf die Rüstem-Pascha-Moschee, die für ihre bemerkenswerte Fliesensammlung berühmt ist. Anders als die Fliesen der Sokollu-Mehmed-Pascha-Moschee (siehe oben Punkt 12), die speziell für die Moschee angefertigt wurden, sind die Fliesen hier eine allgemeine, wenngleich seltene Sammlung; aber Rüstem Pascha war berühmt für seinen Geiz. Das andere Charakteristikum dieser Moschee besteht darin, dass sie auf ihren eigenen Läden errichtet wurde, welche das nötige Geld für den Unterhalt des Gebäudes erwirtschaften sollten.

17. Ganz in der Nähe den Hügel hinauf befindet sich der riesige Komplex der Süleymaniye-Moschee, erbaut von Sinan für den Sultan Süleyman den Prächtigen. Sie gilt als die beste Arbeit Sinans in Istanbul, die nur übertroffen wird von der größten aller Moscheen in Adrianopel (Edirne) und für den nachfolgenden Sultan, Süleymans Sohn Selim, erbaut wurde. Ich persönlich halte die kleine Sokollu-Mehmed-Pascha Moschee (siehe oben Punkt 12) für ein bedeutenderes Juwel, auch wenn die Süleymaniye unvergleichlich größer und prächtiger ist.

18. Von hier aus geht es zu Fuß zum nahegelegenen überdachten Basar mit seinem rechteckigen inneren Gebäude, das früher nicht das Kupfertopfviertel beherbergte, wie es heute der Fall ist, sondern das Viertel des Schmuckverkaufs, das früher jede Nacht verschlossen wurde und als Bezestan bekannt war, was »Basar der Stoffverkäufer« bedeutet.

IV

19. Empfehlenswert für einen Besuch sind auch die Ruinen des Palastes von Konstantin Porphyrogenitus. Heute steht, seltsamerweise, nur noch die Hülle des einstigen Gebäudes, angebaut an die Verteidigungsmauern von Konstantinopel, mit einem in deren Inneren verlaufenden privaten Geheimgang zum Großen Blachernen-Palast der byzantinischen Kaiser (auf Türkisch Ayvan Saray), der aber nicht mehr existiert. Die Bedeutung des Porphyrogenitus-Palastes liegt in dessen Bauschmuck aus Fliesen und Steinen und dem Balkon im dritten Stock, von dem aus man die zu ihm hinaufführende Straße überblickt.

20. In der Nähe befindet sich das Kariye-Museum (oder die Chora-Kirche des Heiligen Erlösers), eine spätbyzantinische Kirche, die in vielerlei Hinsicht bemerkenswert ist, doch ganz besonders für ihre einzigartigen Mosaike und noch einmaligeren Wandmalereien.

21. Wenn man eine Fahrt mit dem Dampfer unternimmt, die vor der Yeni-Valde-Moschee auf der Istanbuler Seite der Galata-Brücke beginnt und [über den Bosporus] nach Üsküdar führt, und dort nach einer rund zwanzigminütigen Fahrt aussteigt, sieht man gegenüber der Anlegestelle eine Moschee auf einer Terrasse. Dies ist ein weiterer von Sinan errichteter Gebäudekomplex, dessen wichtigstes Merkmal der Brunnen darunter ist.

22. Etwas weiter die Straße hinauf befindet sich auf der rechten Seite eine weitere Moschee mit Gräbern neben der Straße. Die Schmiedearbeiten und die Konstruktion dieser Gräber sind typisch osmanisch; sie tragen zwar keine Kuppel, werden allerdings durch Eisenverzierungen bedeckt, als ob diese eine Kuppel wären. Dort findet sich auch das Grab einer Sultanin, die die Moschee erbauen ließ.

23. Dann sollte man nach dem Weg fragen, der weiter zur Moschee von Sultan Mustafa auf einem Hügel führt, deren herausragendstes Merkmal der Ruheraum des Sultans ist mit seiner Freiluft-Galerie, die zur Moschee führt. Er ist äußert interessant und schön.

24. Auf dem Rückweg zur Bootsanlegestelle verengt sich die Hauptstraße gegen Ende, beginnend an einem Hang. Hier führt die Straße weiter nach links, doch kurz davor zweigt zur rechten Seite hin eine andere Straße ab. Zwischen diesen beiden Straßen befindet sich eine hohe Mauer mit einem kleinen Eingang, hinter dem eine Treppe zu einer Terrasse hinaufführt; oben auf dieser Terrasse steht ein komplettes Privathaus aus dem sechzehnten Jahrhundert mit einem Pavillon auf demselben Hof, der, wenn er zur Besichtigung geöffnet ist, einen guten Eindruck der einfachen Wohnarchitektur jener Zeit vermittelt.

V

25. Man sollte diesen Ausflug auf die adriatische [oder: asiatische] Seite des Bosporus krönen, indem man von Üsküdar aus in einem Taxi oder einem Dolmuş dem Bosporus entlang fährt in Richtung

Kanlıca (ausgesprochen: Kanlidscha). Kurz vor diesem Dorf, das für seinen Joghurt berühmt ist, der gerne am Ufer gegessen wird, steht ein Mitte des sechzehnten Jahrhunderts erbautes Privathaus, dessen Empfangsraum teilweise auf Holzpfählen errichtet ist. Der restliche Bereich des Hauses ist privat, doch eben dieser Raum ist für die Öffentlichkeit zugänglich und einen Besuch wert, weil diese Bauart ein perfektes Beispiel türkischer beziehungsweise Istanbuler Architektur ist. Man sollte den Brunnen beachten, der sich in der Mitte des Zimmers befindet, obwohl dieses über dem Meer liegt.

VI

Wenn die Zeit ausreicht, sollte der letzte Besuch für eine Bootsfahrt von der Galata-Brücke aus reserviert bleiben, die hoch bis zur Schwarzmeer-Mündung des Bosporus führt. Von dort aus wechselt das Boot zur asiatischen Seite hinüber und nimmt fünfzig Minuten danach – was einem die Zeit für einen späten Tee oder ein frühes Abendessen mit Fisch verschafft – seine Fahrt von Neuem auf, dieses Mal die europäische Seite des Bosporus hinab, wo es nochmals alle möglichen alten und modernen Gebäude zu sehen gibt, die das Wasser säumen. So gelangt man schließlich zurück zur Galata-Brücke.

Ich persönlich finde auch einen Ausflug zur Außenseite der Şehzade-Moschee lohnenswert, allein um den Verlauf ihrer Umfassungsmauer zu sehen und zu betrachten, wie sie sich entlang der Hauptstraße hinzieht und die verschiedenen Ebenen der Mauer sich gestalten: die Nische nahe der Ecke am einen Ende der Mauer, ausgelegt für die Straßenlaterne, und auch die Variationen in der Höhe der Mauer mit dem Ziel, keine Eintönigkeit aufkommen zu lassen. Diese Moschee befindet sich in der Nähe der Süleymaniye-Moschee wie auch unweit der Christus-Pantokrator-Kirche und des Valens-Aquädukt. Ich habe sie nicht aufgelistet, weil es doch kompliziert sein könnte, nochmals umzukehren und dorthin zu gelangen. Wenn man jedoch mit einem Taxi durch den Aquädukt hinunterführe zum Ufer des Goldenen Horns und dort rechts in Richtung der nächsten Brücke, der Galata-Brücke, abbiegen würde, anstatt die Brücke zu überqueren, könnte man auf dem Weg nach rechts die Ruinen von Häusern aus dem sechzehnten Jahrhundert sehen – zwar verfallen, jedoch so massiv gebaut, dass sie noch immer stehen. Besonders beachtenswert ist der *encorbellement* [französisch für »Kragbogen«] unter den überhängenden und herausragenden Räumen des darüberliegenden Stockwerks.

Natürlich habe ich viele weitere Sehenswürdigkeiten ausgelassen, doch ich denke, dass die Auflistung für einen einwöchigen Aufenthalt ausreicht, da diese Besuche zeitaufwändig und ermüdend sind. Ich hoffe, du bist damit zufrieden. Ich habe die Liste in Eile zusammengestellt, da ich nicht weiß, wann deine Freunde abfahren; und bitte verzeih mir alle Fehler, die dir auffallen mögen.

Alles Liebe euch allen.

Zur Bedeutung des Wortes *beshara*

Beshara bedeutet Folgendes: *Beshara* [arabisch-deutsche Umschrift: *buschra*] ist ein freudiges Omen, und die Freude leitet sich ab von der Vorhersage eines glücklichen Ereignisses vor dessen Eintreten. Das Ereignis liegt in der Zukunft, also im *ghayb* [Verborgenen]. *Lā ʿilm al-ghayb illā Allāh** bedeutet etwa so viel wie: »Niemand kennt das *ghayb* (Unbekannte) außer Gott.« Diese Freude, die angedeutet wird als ein Vorzeichen für etwas sich in der Zukunft Ereignendes, gehört niemandem, weder einigen wenigen noch vielen, denn das, was die Ursache der Freude sein wird, ist noch nicht da. Es ist ein Omen dessen, was sich in der Zukunft ereignen wird; nicht in *deiner* Zukunft, nicht in der Zukunft von irgendjemandem, sondern in der Ordnung der Dinge, die sein werden, gemäß den Prinzipien, die Er dafür gesetzt hat. Weder kannst du dies geschehen machen noch irgendjemand anderes; weder kannst du dies verhindern noch irgendjemand sonst; auch könnt ihr nicht die Art und Weise beeinflussen, in der es geschehen wird.

Wenn ihr Leute von Beshara wärt, wie ihr es behauptet, müsstet ihr nichts anderes tun, als euch Ihm zu unterwerfen, Ihm, dem *Hādī* [der Leitung gibt], und Er würde euch führen. Eure beste Handlungsweise wäre dann die der Unterwerfung unter Seinen Willen.

* Siehe Brief 39.

Über den Namen »Beshara«

—

Ich beantworte diesen Brief mit Kopie an alle, weil die Fragen, obwohl sie von *einer* Person an mich gerichtet wurden, offensichtlich den Gemütszustand einiger betreffen, wenn nicht sogar repräsentieren. Es wird eine lange Antwort werden, weil die Fragen knifflig sind und teilweise auf falschen Prämissen beruhen.

> Ist »Beshara« nicht ein Wort, dass wir eher mit unseren Herzen aussprechen als mit unseren Lippen?

Wenn »Beshara ein Wort ist«, das wir »mit unserem Herzen aussprechen statt mit unseren Lippen«, wird es ein aufrichtiges Sprechen sein, das aus der tiefsten Tiefe unseres Wesens kommt und daher mit dem Sprecher oder der Sprecherin identifizierbar ist. In dem Fall liegt kein triftiger Grund vor, sich oder das, was man tut, nicht mit dem zu identifizieren, was man ist. Es besteht kein Anlass, dies zu unterdrücken oder zu verbergen wie etwas, wovor man sich fürchtet, wofür man sich schämt oder mit dem man nichts zu tun hat. Ich hoffe, weder X. noch irgendjemand sonst in Edinburgh gleicht dem modernen, trendigen Liebhaber, der das Wort »Liebe« niemals in den Mund nimmt, oder jenen, die um den heißen Brei herumreden, nur um zu vermeiden, »Gott« zu sagen.

> Bestünde anderenfalls nicht die Gefahr, dass die Gedanken der Leute sich um ein bestimmtes Etikett oder eine besondere Gruppenidentität herum kristallisieren, was – nachdem die menschliche Natur nun mal ist, wie sie ist – das Werk nur begrenzen würde?

Wenn »die Gefahr besteht, dass sich die Gedanken der Leute um ein bestimmtes Etikett oder eine bestimmte Gruppenidentität herum kristallisieren«, dann müssen wir erkennen, was diese Gefahr ist. Die erste Gegenfrage, die sich mir dazu aufdrängt, ist folgende: Können wir denn überhaupt von einer Gefahr sprechen, falls man sich mit dem eigenen Dasein identifiziert? Ich glaube nicht, dass ein Karmelitermönch jemals das Gefühl hatte, es sei für ihn gefährlich, sich mit seinem Mönch- oder Karmelitersein zu identifizieren. Und warum nicht? Weil er sich aus freiem Willen und aus seiner Berufung heraus dafür entschieden hat, die Grundsätze sowohl des Mönchseins als auch des Karmeliterseins zu befolgen. Er glaubt an sie und identifiziert sich mit ihnen. Das Gleiche gilt für alle, die am Gedanken der Freude teilhaben wollen, die mit Beshara einherkommt. So viel zum Thema »Identifikation des Wesens oder des Daseins«. Nun zum »Werk«.

> Die Implikationen dieses Werks haben zu tun mit Liebe und Wissen, und dies ist eine besondere Aufgabe, in die wir involviert sind.

Ich denke, die »Implikationen« jeglicher Arbeit betreffen ihr Ziel. Was auch immer man innerhalb eines »Werks« tut, bezieht das Endprodukt mit ein, das Ziel, den zu erreichenden Abschluss. Die angewandten Methoden, die erarbeiteten Details, die durchlaufenen Stadien und so weiter – sie alle implizieren dasselbe Endprodukt, das eigene Ziel. Die Stimmabgabe für ein Mitglied einer bestimmten Partei impliziert deren An-die-Macht-bringen-Wollen, sodass eine bestimmte, von einem selbst gewählte Partei regiert, von der wir annehmen, und somit wiederum implizieren, dass sie eine stabile, zufriedenstellende, solide Regierung als Bevollmächtigte für unsere Rechte und Pflichten bilden wird.

Demzufolge wäre es falsch zu denken, dass Liebe und Wissen die Implikationen von Beshara sind. Sie können lediglich Stadien darstellen, die von anderen abgelöst werden, Detailarbeit, die geleistet wurde, bei der Annäherung an das Ziel, das Beshara impliziert.

> Kann dies dem Kern dessen schaden, was wir in Seinem Namen tun?

Was das »Schaden« und so weiter angeht: Das ist Vermessenheit. Diese Vermessenheit beruht darauf, dass die betreffende Person sich zurzeit nicht nur nicht bewusst ist, was sie tut, sondern auch – vollständig – unwissend, was die ursprüngliche Prämisse angeht, nämlich, dass es nur das *eine* Daseiende gibt. Man »tut« nichts in »Seinem Namen«. Wir sind nicht anders als Er, obwohl nicht Er.

Daher tut Er Seinen Willen durch dich in dem Maße, in dem du dir dessen bewusst bist; in dem Maße, in dem du deinem Willen erlaubst, sich mit Seinem zu identifizieren; in dem Maße, in dem du deine begrenzte, relative, verschwindende Identität für Seine Identität aufgibst, welche die Wahrheit ist. Die Tatsache, dass du als Persönchen entsprechend deinen Möglichkeiten an Seinem Plan teilhaben darfst, macht dich zum Empfänger einer besonderen Gnade. Falls du allerdings meinst, *du* tätest etwas, wirst du diese Gnade verlieren. Dass Er Sich entschieden hat, durch dich zu wirken, ist Seine Gnade, die dir zuteilwird, und eine Prüfung deiner Antwort darauf. Falls du denkst, du könntest etwas für Ihn tun, du könntest alles Mögliche für Ihn unternehmen, du könntest Ihm helfen – und auch falls du annimmst, du könntest Ihn an etwas hindern oder Seinem Werk Schaden zufügen –, dann irrst du dich auf ganzer Linie und es stellt ein eindeutiges Versehen deinerseits dar. Möge Er dir in Seiner unermesslichen Barmherzigkeit und Gnade verzeihen. Überhaupt nur anzunehmen, du Kümmerling könntest Seinem Plan in irgendeiner Weise schaden, ist fast ein Sakrileg, weil es dich, durch deine Macht des Handelns oder Unterlassens, in eine vergleichbare Position mit Seiner Macht rückt; Gott bewahre!

Unser Ziel ist jenseits von Form.

»Unser Ziel«, das persönliche Ziel eines und einer jeden von uns, das in all unserem Tun (ob wir es nun so nennen oder nicht) mit und innerhalb von Beshara impliziert ist, ist natürlich Er. Er ist jenseits von Form oder Konzept, also ist auch unser Ziel zwangsläufig »jenseits von Form« oder Konzept.

In Anbetracht all dessen müssen wir nun zu verstehen versuchen, was »Beshara« ist, bevor wir irgendein gültiges Urteil darüber fällen können, ob es nun auf uns oder auf einen Ort anwendbar ist, der uns mit einschließt oder den wir verkörpern (sic).

Beshara lässt sich am ehesten mit einer Bombenexplosion vergleichen. Eine solche schließt den Bombenwerfer mit ein, das Bombardierte sowie das ganze Ausmaß ihrer gegenseitigen Distanz oder ihres gemeinsamen Raumes. Beshara bedeutet ein Omen der Freude von spiritueller Natur. Das beste historische und spirituelle Beispiel dafür war Mariä Verkündigung. Der Geist blies in Maria das Wort Gottes – Jesus. Diese Episode als Ganzes ist bekannt als

Beshara: nicht bloß der Akt des Hineinblasens, auch nicht nur der Akt der Empfängnis oder lediglich die Schwangerschaft der Maria mit Jesus, und noch nicht einmal die Ankündigung *allein* ist Beshara. Beshara umfasst die ganze Episode, einschließlich allem, was mit dem Kommen Christi geschah.

Das Wort »Beshara« kam ›zufällig‹ zu uns, weil es erforderlich war, einen Namen für die damals »neue« Idee zu finden, auf die wir uns eingelassen hatten.* Heraus kam das Wort »Beshara!« – und ganz ›zufällig‹ passte es zur Absicht dessen, was geschehen sollte: durch Menschen, von denen jeder sein eigenes »Ziel« erlangt, die universelle innere Plattform für die Wiederkunft Christi vorzubereiten. Kurz gesagt: die Vorbereitung des zweiten Beshara.

> Einfach gefragt geht es darum: Ist es notwendig, dass der Name »Beshara« mit einem besonderen Ort oder gar einer bestimmten Gruppe von Menschen assoziiert wird?

Persönlich – und weil die Frage von X. *mir* gestellt wurde, wiederhole ich: *persönlich* – sehe ich keinen Grund, weshalb der Gebrauch und die Verwendung des Wortes »Beshara« ein »Etikett« wäre oder sogar sein sollte, oder dass es überhaupt von Bedeutung wäre, wenn Leute sich darum herum »kristallisieren«.

Eigentlich wäre ich viel lieber »mit einem bestimmten Ort oder sogar einem bestimmten Personenkreis« namens Beshara »verbunden« als davon getrennt.

Zunächst einmal zur Frage betreffend den Namen »Beshara«. Da ich der aramäischen Sprache nicht mächtig bin, werde ich versuchen zu erklären, was »Beshara« von seinem arabischen Äquivalent her bedeutet.

Beshara [arabisch-deutsche Umschrift: *buschra*] meint eigentlich eine Ankündigung eines bevorstehenden freudigen Ereignisses, eine Neuigkeit, welche die Augen zum Leuchten bringt. Das Wort wurde vom Erzengel Gabriel verwendet, um der Jungfrau Maria

* Darüber, wie Bülent auf den Namen »Beshara« kam, schreibt Reshad Feild in einem seiner Studientexte: »Als ich 1970 meinen geliebten Lehrer Bülent Rauf fragte, wie ich das Zentrum [auf der Swyre Farm], das aufzubauen ich zu jener Zeit gebeten war, nennen sollte, blieb Bülent die ganze Nacht wach und konsultierte den Koran. Am Morgen rief er mich und sagte: ›Reshad, das Zentrum soll »Beshara« heißen.‹«; aus Reshad Feild: *Die innere Arbeit* in *Gesammelte Werke,* Band III, Seite 1470.

die Nachricht von ihrem kommenden Sohn, Jesus, zu verkündigen. Diese Verkündigung war ein Beshara für Maria. Als Substantiv wird das Wort oft als Eigenname in dessen Form »Buschra« verwendet; vor allem unter den Christen in Ägypten wird das erste männliche Kind häufig Bashr genannt. In seiner dreibuchstabigen Wurzel – so wie *uns*, was »Vertrautheit mit Gott« bedeutet, woraus *insan* für »Mensch« abgeleitet wird – bedeutet *bsr* »der in der Form Gottes als Adam erschaffene Mensch«. Im Alltagsgebrauch wird *anīs* [freundlich] – abgeleitet von der gleichen Wurzel *uns* – oft für Frauen verwendet und *baschar* für Männer. Wenn *baschar*, [auch übersetzbar als] der »einfache Mensch«, als fehlbar angenommen und als »verrufen« und »tadelnswert« angesehen wird, dann ist das eine Sichtweise, die deiner Beschreibung der von dir empfundenen Bedeutung von Beshara entlehnt sein könnte.

Wie dem auch sei: Dies verstößt gegen das Prinzip der Einheit des Daseins, gemäß welcher der Mensch – geschaffen mit Seinen beiden Händen nach dem Abbild Gottes, Besitzer Seiner *nafs* [Seele] und in den Sein Geist geblasen wird – kein Objekt ist, das verachtet oder als »verrufen« betrachtet werden sollte. Der Mensch ist in der Tat das einzige Wesen, das die Stufe des Geliebten Gottes zu erlangen vermag, als nichts anderes als Gott, jene der vollständigen Vollkommenheit. Das ist es, was Philon von Alexandria veranlasst zu sagen: »Der vollkommene Mensch ist Gott [aber nicht *der* Gott]«, und das ist das Omen der Freude – Beshara –, das nicht nur Maria die Ankunft Jesu verkündigt, sondern auch der Schöpfung Sinnhaftigkeit verleiht und Freude vermittelt an der Erkenntnis, dass jeder Mensch das Potenzial zur Vervollkommnung besitzt. Nochmals, um Jesus zu zitieren, der sich mit folgenden Worten an den Menschen wendet: »Seid also vollkommen, wie euer himmlischer Vater vollkommen ist!« [Matthäus 5.48]. Gott und infolgedessen Seinem Abbild kann kein Verruf oder Tadel anhaften. Ibn ʻArabī sagt auf Seite 26 seiner *Treatise on Being* [*Abhandlung über das Sein*]: »Diese Diskurse sind mit dem, der nichts sieht außer Gott.«* Um also noch einmal zu dem Punkt zurückzukehren, dass sowohl die Transzendenz als auch die Immanenz »nicht anders« sind – so wie es in unserem Glauben »nichts anderes« gibt –: Wir halten uns nicht an die möglichen menschlichen Bedeutungs-

* Siehe Muḥyīddīn Ibn ʻArabī: *Der verborgene Schatz*, Zürich: Chalice Verlag, 2006, Seite 146.

ableitungen, sondern bleiben bei der essenziellen Realität dessen, was »Beshara« bedeutet, und *Baschar* ist nichts anderes als der Name des Menschen, der das Omen der Freude an der Erfüllung und Verwirklichung der vollkommenen Ordnung ist.

Tatsächlich ist allseits bekannt, dass der einzige Wissende Gott ist, und zwar in Seinem Namen *'Alīm* [Allwissender], und was an Wissen erlernt wird, ist das, was Er einem zu lernen gibt. Kein Mensch kann jemandem etwas beibringen. Alles Wissen ist Sein, und Er bringt ins Wissen, wen Er will. Wie der Prophet Mohammed in seinem Gebet sagte: »Herr, mehre mich im Wissen«, wird Wissen in einem gemehrt durch das Verlangen Gottes, Seine eigene Vollkommenheit innerhalb der vollständigen Ordnung zu verwirklichen. Dementsprechend stellen Zugehörigkeiten ein unnötiges Verfolgen von Abstammung dar, das oftmals von sich abgrenzenden Sekten angewendet wird, die Aspiranten unterschiedliche Routinen auferlegen; wohingegen in Tat und Wahrheit die einzige mögliche Zugehörigkeit die direkte zur Ipseität selbst ist, ohne Interferenz oder Seiteneinflüsse. Dies war der Fall bei Uwais al-Qaranī,* einem Zeitgenossen des Propheten, den Mohammed nie getroffen hat, aber auf den er sich mit den Worten bezog: »Ich rieche den Atem des Barmherzigen aus Richtung des Jemen.« Man kann vom Austausch mit Lehrern profitieren, und Ibn 'Arabī hatte viele solcher Freunde und Lehrer und Lehrerinnen, doch gehörte er selbst keiner Sekte an, und unter jenen, die wissen, ist er als ein *Uwaisī* bekannt. In Wirklichkeit sollten alle, auch wenn sie durch Abstammung zu irgendeiner Sekte oder einem Lehrer gehören, als *Uwaisī* betrachtet werden, denn die Quelle des Wissens ist ein und dieselbe: *al-'Alīm al-'ulamā,* der Wissende aller Wissenden.

Was Beshara ist und was es nicht ist

—

Sei vorsichtig. Beshara ist kein Sufismus oder überhaupt irgendein anderer Ismus. Wenn du also darüber sprichst, dann beschreibe es nicht als einen *ṭarīqa* (spirituellen Orden, Sufi-Orden), sondern als eine einfache Art des

* Siehe Fußnote Seite 22.

Studiums, um mehr über Ihn zu erfahren und – weil, mehr über Ihn zu wissen, bedeutet, Ihn mehr zu lieben – zur Liebe Gottes zu gelangen und durch diese Liebe [die] Beziehung des Menschen zu [Ihm zu verstehen(?)].

Ich werde alle dafür Verantwortlichen bitten, dich so gut wie möglich mit Literatur und so weiter zu versorgen.

Beshara ist kein Orden

AN RESHAD, 14. FEBRUAR 1972
UND 22. NOVEMBER 1973

Dein Problem, und das Problem so vieler anderer, hat darin bestanden, Beshara gering zu schätzen: weil es kalt war, weil es noch nicht fertig war, weil es unbequem war, weil du »keine Zeit« hattest – ja, ich weiß. So war es am Anfang. Doch genauso verhält es sich mit einem vernachlässigten Kind: Es friert, fühlt sich schlecht, bereitet dir Sorgen, ist noch nicht reif und häufig schmutzig. Die Liebe aber ändert all das und trägt das Kind hinein ins Dasein. Wenn ihr doch nur begreifen würdet, wie wichtig Beshara ist! Wenn es so mit Liebe umsorgt und ins Sein gebracht wird, wie es ihm angemessen ist, ist es bedeutsamer als wir alle zusammen – schon allein deshalb, weil es mehr ist als das, was wir heute sind. [...]

Alles Liebe, euch allen, für die ich jede Nacht bete, seit ich deinen ersten Brief bekam. Doch sind meine Gebete nichts neben Seinen Wünschen und Seinen Zuwendungen und Geschenken, und Beshara ist Sein Geschenk an euch alle und an Tausende, die noch kommen werden. Er wollte es, Er schuf es, und wenn ihr alle auserwählt seid, es zu betreiben, dann seid ihr besondere Menschen, besonders auserwählt – und solltet ihr scheitern, enttäuscht ihr Ihn.

—

Erkennen die Leute denn nicht, dass Beshara kein Orden ist, aus dem Menschen »rausgeworfen« werden können und so weiter? Beshara ist vielmehr eine Seinsweise, die aufgrund ihrer Bedeutung und Unbeschränktheit in keine Form hineinpasst, weil sein Denken und Wesen der Dienst am Absoluten Unendlichen Dasein jenseits jeglicher Form der Möglichkeit oder Begrenzung ist, und das, was wir um unseren Hals tragen,* ist der Grund dieses Namens, der den Übergang dieses Daseins von der totalen Nicht-Manifestation zur unendlichen Manifestation kennzeichnet, ohne ein Ende oder eine Begrenzung! Jeder, der dies weiß, gehört für immer zu Beshara, solange er diese Wahrheit nicht verneint.

Zu einer geplanten Änderung des Namens »Beshara«

—

Hinsichtlich jenes Ortes [in Kanada], von dem ich höre, dass er nicht mehr »Beshara« heißen soll: Seltsam – auch wenn es unerheblich ist, wie »es« heißt, und ich denke, dass sie ein gewisses Recht hat, etwas, das ihr gehört, nach eigenem Gutdünken zu benennen. Doch genau hier liegt das Problem. Gehört es ihr? Oder ist es Seins? So, wie dieser Ort hier [Chisholme], wo Er das Bild Seines Wissens in all Seiner Herrlichkeit spiegelt. *Subḥāna Llāh* und *al-hamdu li-Llāh* [gepriesen und gelobt sei Gott].

Gleichzeitig könnt ihr, falls ihr mit dem Vorhandenen nicht zufrieden sein solltet, talentiertere Studierende bewegen, sich statt dort drüben hier [in Chisholme] weiterzubilden oder voranzukommen und sich zu vervollkommnen, wo Seine Freigebigkeit unbestreitbar einen Spiegel zur Verfügung gestellt hat. Obwohl auch dieser noch poliert werden muss, reflektiert er Seine Offenbarung so klar wie möglich.

Möge Er euch die nötige Kraft und Standhaftigkeit verleihen, begleitet von Nachsicht, Toleranz, Urteilskraft und klarer Vision.

Nun ein kleiner persönlicher und intimer Rat, nachdem ich dich aus nächster Nähe erlebt habe und dich in unterschiedlichen Stimmungen und Situationen beobachten konnte, und mit der vorausgeschickten Bitte um Verzeihung und in der Hoffnung, du mögest Nachsicht walten lassen mit meiner Einmischung und meine Mängel und Fehler einem fortgeschrittenen Alter zuschreiben – nimm davon einfach an, was dir von Nutzen ist: *Ver*liebe dich

* In den 1970er-Jahren trugen Bülent und viele seiner Studentinnen und Studenten eine Brosche in Form einer Kalligrafie des arabischen Wortes *Hū* (Er) an einer Halskette; siehe Foto Seite 127.

nicht. Liebe einfach. Dann wirst du feststellen, dass du geliebt bist, und die Form des Liebenden wird dir die notwendige Empfänglichkeit für Liebe einflößen, erst dann kannst du wirklich »ich liebe« sagen und »ich liebe so und so.«

Möge Gott mit dir und dein ständiger Führer sein.

Was hat Beshara ganz normalen Leuten anzubieten?

—

Was Beshara den »ganz normalen Leuten« anzubieten hat? Es kann und wird ihnen nichts anbieten. Ich hoffe, ihr könnt dies verstehen. Menschen, die etwas zu Beshara geführt hat, sind keine »ganz normalen Leute«. Und falls sie es je gewesen wären, sind sie es *nun* nicht mehr. Das ist der Grund ihrer Suche und dafür, dass sie auf Beshara gestoßen sind. Bis zum Moment ihrer Entscheidung kann man behaupten, dass es keinen Unterschied gibt zwischen den Leuten auf einem U-Bahnsteig der Bakerloo-Linie und denen in Chisholme [House]. Aber im Moment ihrer Entscheidung, den Bakerloo-Bahnsteig in Richtung Chisholme oder Beshara zu verlassen, sind sie anders.

Ist Beshara elitär? Ja, ganz gewiss. Diejenigen, die sich dazu entschließen, den Bakerloo-Bahnsteig zu verlassen, um sich in Richtung Beshara aufzumachen, sind die Elite. Es ist jene Elite, die »mit den eigenen Werten in Kontakt treten und entdecken will, wo er oder sie wirklich steht.«

Eine Frage des Bischofs von Gloucester

—

Im »Regenbogenpapier«* heißt es: »Beshara weckt ein Verständnis für die Beziehung des Menschen zum Universum, zur Erde, zur Umwelt, zur Gesellschaft, in der er lebt, und zur Wirklichkeit und zu Gott.«

* Was damit gemeint ist, lässt sich nicht mehr eruieren. Der nachfolgende Satz findet sich aber in der Stiftungsurkunde des Beshara Trust aus dem Jahr 1971.

Als der Bischof von Gloucester Beshara einen Besuch abstattete, fragte er: »Wer kommt hierher? Wer sind diese Leute?« Ihm wurde geantwortet: »Es handelt sich um Menschen, die ihr Dasein hinterfragen.« Er verstand und lobte Beshara, dass es Hilfestellung anbietet beim Finden einer Antwort solchen Ausmaßes. Denn diese Frage geht hinaus über die direkten und engen Grenzen von »Familie, Gemeinschaft, Religion und Loyalität«.

Es geht um die Frage des Menschen im Universum im Gegensatz zum Menschen, der es sich an seinem Lebensabend in Pantoffeln und mit einem Essenstablett auf dem Schoß vor dem Fernseher gemütlich gemacht hat. Der Unterschied zwischen diesen beiden Menschen trennt die Elite von der Allgemeinheit.

So groß ist die Bedeutung von Beshara, wenn Menschen, die helfen wollen, wirklich helfen wollen.

Der Gebrauch einer nicht-religiösen Sprache in Beshara

AN RESHAD, 23. DEZEMBER 1972

Um in Bezug auf die Wirkungs- und Funktionsweise von Beshara die nicht-religiöse Ebene zu betonen und die überreligiöse und innere Ebene möglichst hervorheben zu können, scheint es angezeigt, dass wir bei öffentlichen oder feierlichen Anlässen das Wort *Allāh* durch »das *einzige* Absolute Dasein« ausdrücken, *Rabb* durch »Herrscher«, *Malik* durch »Eigentümer«, »Herr« durch »Herrscher«, »Tag des Gerichts« durch »Tag des Erkennens« sowie »Vater« durch »Quelle« und »Königreich« durch »Herrschaft«. Bitte stelle sicher, dass dies ab Neujahr in jederlei Hinsicht umgesetzt wird.

Das Anwesen von Chisholme

—

Die meisten von uns haben sich auf unseren Landsitz in den Scottish Borders zurückgezogen, an einen Ort namens Chisholme House, wie du dem Briefkopf entnehmen kannst. Es gehört unserer gemeinnützigen Organisation namens The Chisholme Institute, die wir nach schottischem Recht gegründet haben, und hier finden nun Beshara-Kurse statt. Es ist ein hübsches georgianisches Haus hoch oben in den Hügeln, zwischen Wäldern und Wiesen, mit Hirschen und Fasanen, die auf dem Anwesen umherstreifen; und auf dem See, in dem sich Forellen tummeln, spiegeln sich Schwäne und brüten und verjagen ihre Jungen, wenn diese ausgewachsen sind, sodass sie ihre Population ganz von allein auf dem Minimum halten. Sie ergreifen dermaßen Besitz vom See, dass sie in der Brutzeit unsere anderen Wasserfreunde, die Enten, Gänse und so weiter, dort nicht dulden. Aus irgendeinem Grund stören sie sich nicht an den Hühnern und Puten – ich nehme an, weil diese keinen Anspruch auf das Wasser erheben. Umso besser, da diese die wunderbarsten Eier legen, die jemals in Großbritannien zu finden waren. Wir schwelgen in Gottes Großzügigkeit und sind gerade dabei, den außergewöhnlichsten Honig fertigzustellen, produziert von unseren Bienen.

So idyllisch und bodenständig sich das anhören mag, halten wir doch täglich an wohlschmeckenden Gerichten fest, essen gut, schlafen ruhig und loben Gott dafür, dass Er Jahr um Jahr mehr Menschen näher zu Sich bringt, um Ihn kennenzulernen und sich an der Einheit ihres Seins zu erfreuen, in Harmonie mit dem Warum und Wozu ihres Daseins auf der Erde.

Im Winter sind wir oft eingeschneit, doch Gott sei Dank haben wir es warm, sind wohlgenährt und dankbar für all die Freundlichkeit des Lebens und der Barmherzigkeit. Alles, was ich dir schreibe, ist wahr und keine Propaganda.

Memo an das Personal in Chisholme

—

Das gesamte Personal ist zu jeder Zeit für das Wohl und den guten Ruf des Chisholme Institute und von Beshara verantwortlich.

—

2. Alle müssen sich jederzeit dessen bewusst sein, was das Institut benötigt, wie auch des an die Studierenden vermittelten und diskutierten Unterrichtsstoffs sowie der Bedürfnisse, moralischer, materieller, spiritueller und körperlicher Natur, eines jeden Bereichs des Instituts.

—

3. Die Mitarbeiterinnen und Mitarbeiter müssen erkennen, dass sie für die Studierenden den Ton angeben und den Verhaltenskodex setzen, und dass sie infolgedessen grundsätzlich mit Würde und Anstand handeln, sprechen, auftreten und sich benehmen, einschließlich in ihrer Freizeit und in privaten und gesellschaftlichen Situationen.

—

4. Abgesehen von jenen, die nach Recht und Gesetz verheiratet sind, sollte man sich aus eigenem Antrieb jeglicher sexuellen Aktivitäten und/oder des Geschlechtsverkehrs oder irgendwelcher körperlicher Annäherungen enthalten, wie es unsere hiermit bekanntgegebenen Schulregeln vorschreiben.

—

5. Alle Mitglieder des Personals, männlich wie weiblich, die in irgendeiner Weise der Regel 4 zuwiderhandeln, sollten wissen, dass sie automatisch von allen Aufgaben im Chisholme Institute freigestellt werden und das Anwesen verlassen müssen.

—

6. Das Verhalten des Personals gegenüber den Studierenden muss sich jederzeit in einem anständigen Rahmen vollziehen und vor allem geschmackvoll sein, in jeglicher Hinsicht gerecht, ernsthaft, schlicht, tolerant und gutgelaunt.

John G. Bennett auf der Swyre Farm

—

Was Mr. Bennett angeht, weiß ich nicht, inwiefern ich nützlich sein kann. Das Buch mit dem Titel *Intimations** enthält alle Vorträge von Mr. Bennett, die er in der Anfangszeit von Beshara auf der Swyre Farm hielt. Mein persönlicher Kontakt zu Mr. Bennett war insofern eher speziell, als dass er Beshara immer als Ergänzung zu dem betrachtete, was er selbst tat. Wir haben oft darüber gesprochen, dass er in seinem Institut** mehr von den Inhalten Besharas hätte aufnehmen sollen, aber er widersprach immer mit dem Argument, dass Westler dies nicht verstehen würden. Ich hingegen äußerte meine Überzeugung, dass sich die Zeiten seit seinen und meinen Jugendtagen stark verändert hätten und die heutige Jugend viel weiter entwickelt sei und eine größere, umfassendere Sicht der Dinge zeigte, als man es von der Jugend vor einem halben Jahrhundert hatte erwarten können, und die Jugend der Gegenwart ein größeres Verständnis mitbrächte. Schließlich willigte er ein, nach den ersten vier Jahreskursen an seinem Institut für das fünfte Jahr ausgewählte Studenten und Studentinnen einzuladen und anzufangen, Ihnen im Rahmen einer Weiterbildung Material der inneren Lehren zu vermitteln. Leider verließ er diese Welt, bevor es dazu kommen konnte.

Wenn du *Intimations* bereits gelesen hast, würde ich dir empfehlen, es noch einmal zu lesen, um einen Einblick in Mr. Bennetts Visions- und Erkenntnisraum zu gewinnen. Ein Mann mit einem derart weiten Horizont kann gewiss nicht bloß aufgrund der im persönlichen Kontakt vermittelten Wirkung richtig gewürdigt werden oder gemäß dem, was seine Schüler am Institut von ihm wussten.

* Deutsch: John G. Bennett: *Der grüne Drache: Das Herz der Sufi-Lehre,* Südergellersen: Verlag Bruno Martin, 1993; zu beziehen über den Chalice Verlag.

** Gemeint ist die »Akademie für lebenslanges Lernen«, die John G. Bennett in Sherborne House, in unmittelbarer Nähe der Swyre Farm, gegründet hatte und wo er von September 1971 an jedes Jahr einen mehrmonatigen Schulungskurs für bis zu einhundert Studentinnen und Studenten im Alter von achtzehn bis achtzig Jahren anbot. Er verstarb nach Ende des vierten Kurses im Dezember 1974.

Ich denke, dein sehr wertvoller und lobenswerter Versuch, diese Geschichte des Instituts zu verfassen, muss mit großer Sorgfalt unternommen werden, insbesondere im Hinblick auf derartige Fehler wie etwa die Bezeichnung von Süleyman Dede als »Haupt der Mevlevis«,* was dieser auch selbst bestreiten würde, da alle Mevlevi-Häupter direkte Nachkommen von Rūmī sind. Das gegenwärtige Oberhaupt ist Celaleddin Çelebi, und kein anderer könnte diesen Titel und diese Position beanspruchen.

Hasan Şuşud in Sherborne

AN RESHAD, 17. APRIL UND 7. MAI 1972

Du musst sehr zufrieden sein mit deinem Treffen mit Bennett, nachdem du dich so lange blockiert gefühlt hast. Das war zwar nicht wichtig, aber dein Verlangen nach Anerkennung war so groß. Nun, das ist jetzt vorüber. Jedenfalls, sag niemandem, dass ich dir Folgendes gesteckt habe: Möglicherweise fährt Hasan Lütfi Şuşud diesen Frühling Bennett besuchen.** Er ist einer der Größten, die heute leben. Er kann in jeden Pfad initiieren. [Hier] in der Türkei werfen ihm sogar viele vor, er sei zu buddhistisch. Aber er ist einer der ganz Großen. Solltest du es schaffen, ihn auf einen Tee oder so nach Beshara einzuladen, wäre das gut. [...]

Als wäre das noch nicht genug, erhielt ich gleichzeitig mit deinem Brief einen von Mr. B[ennett]. Nun, ich war, gelinde gesagt, überrascht. Er kommt in die Türkei und möchte mich treffen, weil

* Süleyman Loras Dede (1904–1985) wurde von Celaleddin Bakir Çelebi (1926–1996), dem Urenkel 21. Grades von Dschalāl ad-Dīn Rūmī und formalen Oberhaupt des Mevlevi-Derwischordens, für seine Verdienste um die Mevlevi-Tekke in Konya, deren Koch er viele Jahre lang war, der Ehrentitel »Dede« verliehen. Reshad Feild, der von Scheich Süleyman Dede 1972 in die innere spirituelle Essenz Rūmīs initiiert wurde und ihn später nach Kalifornien einlud, zeichnet ein berührendes Portrait dieser überaus liebenswürdigen und undogmatischen Persönlichkeit, die von vielen fast wie ein Heiliger verehrt wurde, in RESHAD FEILD: *Die letzte Schranke: Ich ging den Weg des Derwischs.*

** Tatsächlich besuchte Şuşud (siehe Fußnote Seite 21) Bennett in Sherborne House im April 1972; siehe dazu JOHN G. BENNETT: *Das Durchqueren des großen Wassers: Die Geschichte einer Suche – Autobiografie,* Xanten: Chalice Verlag, 2011, Seite 501 ff.

in Sherborne gerade viele Dinge geschähen und »es im Moment vieles zu besprechen gibt.« Bitte erwähne ihm gegenüber nicht, dass ich dir davon erzählt habe. Lass uns ruhig abwarten und uns anhören, was er zu sagen hat; geben wir uns überrascht und so, als käme es völlig unerwartet und als seien wir sehr zufrieden damit. Er hält große Stücke auf X. und glaubt, er sei einer der wenigen, die den Durchbruch schaffen können. Aber das Erlangen des *fanā'* [Entwerden] ist sowieso nicht unser unmittelbares Ziel, von daher... Nun, darüber hinaus ist auch noch das Wunder aller Wunder geschehen: Er [Bennett] kam zu einem Treffen der Londoner [Beshara] Gruppe! Wahrlich: Gott geht geheimnisvolle Wege! Gelobt sei Er, der Herr der Universen!

Ein bisschen Werbung

AN RESHAD, 26. APRIL 1972

Du hast recht: Es erscheint mir richtig, dich in Chamonix zu zeigen,* nur ein paar Tage, drei oder vier. Das wird auch helfen, die Einstellungen und Animositäten [dir gegenüber] zu glätten sowie neue Bekanntschaften und ein bisschen Werbung für Beshara zu machen. Sicherlich wird unter den Teilnehmern und Teilnehmerinnen, die aus Amerika kommen, der eine oder die andere auch Beshara besuchen wollen, nachdem sie dich kennengelernt und mit dir gesprochen haben. Versuche jedenfalls, mit aller Vorsicht, wenn möglich als ein Ebenbürtiger zu erscheinen: als Pir und nicht als ein Unter[scheich]. Bekehre niemanden in Chamonix, aber lass diejenigen, die dafür offen sind, vom Unterschied angezogen werden. Gott sei mit dir.

Was die Mutter Oberin betrifft:** mein Lieber! Tue, worum sie dich bittet. Es kann nur zum Guten sein. Lob sei Gott und immerwährender Ruhm, dass ein Nonnenkloster um deine Mithilfe bittet, Menschen ins Haus Gottes zu bringen! Ein Wunder: Niemand

* In Chamonix veranstaltete Pir Vilayat Inayat Khan damals seine jährlichen mehrwöchigen Sommerschulen.

** Diese Episode, als Reshad von der Mutter Oberin des Klosters Notting Hill in London gebeten wurde, eine regelmäßige Atemklasse für ihre Nonnen anzuleiten, findet sich beschrieben in RESHAD FEILD: *Atmen Sie, um Gottes Willen!*, Xanten: Chalice Verlag, 2013, Seite 156 ff.

Geringeres als die mächtige katholische Kirche bittet Beshara um Hilfe... Sei nicht stolz, kein Platz für Eitelkeit. Es ist Jesus, der helfen wird, sie in den nächsten Zyklus der Menschheit* zu bringen! Die Universalität wird natürlicherweise auf der inneren Ebene beginnen, *nicht* auf der religiösen.

Keine Manifestation wiederholt sich jemals

AN RESHAD, 9. MAI 1973

Was Hasan Şuşud dir zu tun aufgetragen hat, dient in erster Linie *deiner eigenen* Entwicklung. Offenbar hofft er, dass, falls [John G.] B[ennett] nicht zur Vollendung finden sollte, du auf die Wissensstufe zu gelangen vermagst, um übernehmen zu können. Das mag eintreffen oder nicht, weil keine Manifestation sich jemals wiederholt, nicht für ein und denselben Menschen, geschweige denn für zwei verschiedene. Aber dass du darauf vorbereitet werden sollst, ist gewiss eine sehr wünschenswerte Sache an sich. Und auch falls du dieses Banner nicht selbst weitertragen wirst, magst du, wenn deine Vorbereitung so weit gediehen sein wird, fähig sein, jemand anderes zu lehren, es zu tragen, dann natürlich in einer etwas anderen Manifestation. Praktiziere daher das *dhikr* [das Şuşud dir gegeben hat] unbedingt selbst, ob du es anderen weitergibst oder nicht; es kann logischerweise nur viel Gutes bewirken. Falls du es anderen weitergibst, füge es deinen verschiedenen etablierten Formen von *dhikr* hinzu. Was das *Hū dost* betrifft, warte damit, bis ihr eure Sanitäranlagen für die Waschungen eingerichtet habt und sie funktionieren, dann führe es in seiner ganzen Herrlichkeit ein und lass es sich ausbreiten wie der Rosenduft an einem warmen Abend im *Golestan* (Rosengarten)!**

Nun zum Fasten: Probiere es selbst aus. Sei vorsichtig, wenn du es andere tun lässt, weil es eine große »Stärke« braucht, um sie »zu halten«, falls sie einen Anfall kriegen. Achte auf jeden Fall darauf, dass du nicht (physisch) abbaust und dass du den Raum zu halten

* Vergleiche Briefe 5, 7 und 9.

** Der *Golestan* (»Rosengarten«) ist eine Sammlung von Gedichten und Geschichten des persischen Dichters Sa'dī (1210–1292).

vermagst. B[ennett]s Schule praktiziert bereits drei Arten von Fasten – eine davon ist das Davidsfasten, eine 36-stündige Abstinenz von Essen und Trinken! David hat es häufig getan, aber nicht jeder ist ein David!

Übrigens: Erwähne nichts aus diesem Brief gegenüber Şuşud. Und achte darauf, wenn er euch besuchen kommt, dass ihr nicht zu viele »Hiram Schrirams«[-Chantings] und dergleichen macht. Zeige ihm eure *dhikr* und das, was du über die *waḥdat al-wudschūd* [Einheit des Seins] weißt.

Reflexionen zur Geschichte von Chisholme und Beshara

Zuerst gab es kein Geld und auch kein Haus. Vorhanden war lediglich die Absicht, einen Fortgeschrittenenkurs für innere Lehren auf die Beine zu stellen. Dann war da dieses Haus, baufällig und im Besitz mehrerer Personen, die wir nicht kannten oder nicht ausfindig machen konnten. Das Haus haben wir dann mehr oder weniger bewohnbar gemacht, sodass die wichtigsten Funktionen sichergestellt waren, um solch einen Kurs anzubieten. Der Kurs wurde also in einem Haus begonnen, das uns nicht gehörte, für das wir aber nichtsdestotrotz bereits Zeit und Geld für Reparaturarbeiten eingesetzt hatten. Die Absicht ging vor dem Erwerb des eigentlichen Ortes in Erfüllung, also bevor wir über die finanziellen Mittel verfügten, mit denen wir etwas hätten kaufen können. Das Unterfangen war erfolgreich, weil die Absicht auf das Ziel und den Zweck gerichtet war, das Lernen zu propagieren, und nicht auf den Erwerb der Liegenschaft.

Nachdem die Anschaffung und Instandsetzung des Ortes sich als erstaunlich einfach herausgestellt hatten, wurden die Studentenzahlen als primäre Geldquelle betrachtet anstatt als primäre Ressource für die ursprüngliche Absicht, und so verringerte sich allmählich die Zahl der Studierenden. So wurde das Geld zum Ziel und nicht die Verbreitung von Wissen, die nur noch ein Nebenschauplatz für den Fortbestand der Institution wurde. Die Zukunft der Institution, als einem Gebäude, wurde dadurch garantiert und gesichert, dass man übereinkam, die notwendigen Mittel zur Sicherung des Gebäudes zu beschaffen. In diesem Zusammenhang war die Verbreitung von Wissen, entgegen den Verlautbarungen, nicht mehr der primäre Anreiz; als primärer Anreiz blieb die – finanzielle – Sicherheit des Instituts. Plötzlich erwuchs die dringliche Erkenntnis, dass selbst mit einem Gebäude, in welchem das Institut sicher untergebracht wäre, es, falls es keine Studierenden mehr gäbe, auch keinen Zweck mehr gäbe. Mit »Studierenden« muss man die Verbreitung von Wissen assoziieren, denn es ist unmöglich, Wissen zu verbreiten, wenn es keine Empfänger für das übermittelte Wissen gibt.

Und erneut wurden genügend Menschen gefunden als Empfänger des zu Vermittelnden, obwohl acht von zwanzig den notwendigen Betrag für den Kurs nicht aufbringen konnten. Fünf dieser acht kamen jedoch später in den Genuss von finanzieller Unterstützung und Zuwendungen durch Mitglieder des Instituts und des Trusts. Wären wir über die schwindende Anzahl von Empfängern der Wissensvermittlung nicht besorgt gewesen, hätte es keine der Alarmsignale bei Treffen und Versammlungen gegeben.

Wie mehrere Mitglieder des Instituts und des Trusts betont haben, wurde allgemein akzeptiert, dass alles Seine Absicht war und Sein Geschenk von großem Wert an diejenigen, die als Erste die Absicht der Verbreitung von Wissen formuliert hatten, ohne im Vorfeld auszuweichen und unaufhörlich nach den notwendigen finanziellen Mitteln zu rufen, um eine solche Absicht verwirklichen zu können, und die sich mit solch einem Eifer und einer Entschlossenheit unbeirrt in einen gänzlich vom Schwanz her aufgezäumten Prozess des Erwerbs einer Liegenschaft einbrachten – erstens: Reparaturarbeiten und Vorbereitung, zweitens: Aufbau der Wissensvermittlung, drittens: Erwerb, das heißt Beschaffung des Geldes –, der, obschon völlig unorthodox, vollkommen erfolgreich war durch Seine Gnade und wegen der Entschlossenheit, der Festigkeit und der Standhaftigkeit der Absicht zu dienen.

Nachdem sich die Situation zu einer kontinuierlich mühelosen und eingespielten Prozedur entspannt hatte, verebbte die ursprüngliche Stärke von Intention und Zweck mit jedem Jahr etwas mehr im Modus Operandi der Institution, sodass die Absicht auf sekundäre Prozesszwecke degradiert wurde, was es finanziellen Fragen und Spitzfindigkeiten erlaubte, in quasi-wirtschaftlicher Klügelei zu primärer Bedeutung anzuwachsen, während die Absicht auf das zweitrangige Denkereignis des »Verstandenen« heruntersank. Die erfolglose Futurisierung dieses Zustands löste eine vorübergehende Panik aus, die als Ansporn zur Rückkehr zu Entschlossenheit und Vernunft interpretiert werden kann sowie als Anstoß zum wichtigsten Gedanken des Wieder-in-Einklang-Bringens der großen Unantastbarkeit der Einheit der Absicht mit dem Institut.

Die Futurisierung des Vorsatzes – und das Wort »Futurisierung« verwende ich hier bewusst in dieser Form, weil es das Bewahren der Absicht in die Zukunft hinein meint – hängt also offensichtlich fast ausschließlich von einer Prämisse ab, nämlich der eindeutigen Wichtigkeit der Absicht, die unauflöslich verbunden ist mit der Vermittlung von Wissen, welche die Existenz von Empfängern voraussetzt und infolgedessen, und nur infolgedessen, das Vorhandensein eines Ortes zum Nutzen der Empfänger und der Übermittler des Wissens.

Anekdote: Ein junger Mensch, ein törichter junger Mensch, erlitt im Lauf seines Lebens einmal ein Nervenleiden, weil die intensive Vorbereitung des törichten jungen Menschen auf Wissen hinausgezögert wurde durch weniger anspruchsvolle, aber dennoch tatsächlich notwendige Aufgaben, die es zu erledigen galt. Das durch diese Situation hervorgerufene Krankheitsbild entging natürlich nicht der Aufmerksamkeit erfahrener Ärzte, die dem törichten jungen Menschen schließlich erklärten, er sollte sich nicht von der Erfüllung seiner Pflichten ablenken lassen, sondern nichtsdestotrotz, wenn auch nur als Hobby, mit den Bestrebungen weitermachen, die den jungen Menschen vorher so intensiv beschäftigt hatten. Der Betreffende antwortete auf die ärztlichen Ratschläge mittels Darlegung der Tatsache, dass die Erfüllung der neuen Aufgaben ihm die Möglichkeit eines Ortes genommen hatte, an dem seine Bestrebungen fortgesetzt werden könnten. Darauf erwiderten die Ärzte Folgendes:

»Wenn die Absicht vorhanden und richtig ist, ist das Streben nach Wissen möglich, auch wenn es mitten auf dem Piccadilly Circus praktiziert würde.«

Der Ort, der offensichtlich notwendig ist, passt sich der Absicht der Bestrebungen an; aber weder ist er von größerer Bedeutung als die Absicht, noch behindert er das Verfolgen des Bestrebens. Obwohl er mit zunehmender Qualität der Verbreitung an Bedeutung gewinnt, ist er stets eine Folge der Absicht der Verbreitung. Da die Verbreitung von der Aufnahmefähigkeit des Empfängers abhängt, würde dies bedeuten, dass der Ort, obwohl er unvermeidlich von grundlegender Notwendigkeit ist und für den Zweck geeignet sein muss, doch abhängig von sowie eine Folge der Absicht der Verbreitung bleibt.

Axiom: Viele scheitern beim Versuch, fest an diesem begrenzten Ort zu stehen, wenn sie dabei vergessen, dass zwei Füße notwendigerweise zwei Standbeine bedingen. Sofern es sich nicht um einen Balanceakt handelt, erfordert ein Stehen eine solide Haltung auf zwei Beinen und daher feste Fundamente für jeden der beiden Füße.

Der Zweck des Erwerbs von Vermögen ist in erster Linie das Wohlergehen des Erwerbers und die Verbreitung dieses Wohlergehens vom Erwerber an die Empfänger, wobei jedem Faktor in diesem fast planetarisch zusammenhängenden Mechanismus sein eigener Ort im Orbit zukommt. Wie geistig quälend dies vor einem Gericht der Werte auch erscheinen mag, findet man sich in dieser Welt doch einer egozentrischen Partikularisierung der Freigebigkeit gegenübergestellt, die vom Zentralgestirn ausgeht – genau wie Wissen, das vom Wissenden ausgeht – und den ursprünglichen Impuls und die notwendige Wechselbeziehung derart überschattet, dass das von der Freigebigkeit Erhaltene – ebenso wie das vom Wissen Erhaltene – die Verbindung zu seiner Quelle zu verlieren und als egoistischer Privatbesitz eine Domäne des Empfängers zu werden scheint. Zum Glück wird die Situation, nachdem die Aufmerksamkeit auf diesen schwächlichen menschlichen Faktor gelenkt wird und die Alarmglocken geschrillt haben, zugunsten einiger weniger Empfänger bereinigt. Wäre der primäre Impuls der Wissensverbreitung bei allen Beteiligten lebendig und pulsierend geblieben, hätte die Panik vermieden werden können durch eine Haltung des großzügigen Teilens der ursprünglichen Absicht, indem ein Hilfsfonds eingerichtet worden wäre, von dem erstens die Empfänger hätten profitieren können und zweitens die gemeinsamen Zwecke von Funktion und Ort gewährleistet gewesen wären.

Dieses weitsichtige Dienen sollte in den Gedanken an erster Stelle stehen – nicht als ein normales, zwingendes Bankgeschäft, sondern als eine freiwillige Handlung der über das Pflichtmaß hinausgehenden Hingabe an die ursprüngliche Absicht des Beshara Trust und des Chisholme Institute.

Eine wichtige Mission von großer Tragweite

AN RESHAD, 9. SEPTEMBER 1973

Danke für deinen Brief. Ich bin mir sicher, du weißt selbst am besten, wen du mit nach Vancouver nehmen willst. Aber an eine Sache will ich dich erinnern, und zwar an folgende: Beshara Vancouver wird nicht so sein wie die Besharas in London, Cambridge, Brighton oder wo auch immer. Es sollte so sein wie die Swyre Farm, obschon nicht auf dem Land gelegen. Ich meine, es braucht Stiftungsräte und so weiter und eine passende [Wohnung] für dich persönlich. Das zu organisieren, braucht Zeit und viele Leute. Halte dir jedenfalls vor Augen, dass du etwas in der Größenordnung von Swyre Farm aufbauen wirst, wenn auch in einer Stadt, mit einem Meditationszentrum, einer Bibliothek, Gästezimmern, einer Küche und einem Sitz für den Verantwortlichen, welcher du sein wirst, zumindest so lange bis das Ganze auf eigenen Beinen steht.

Es tut mir leid zu hören, dass du für dein eigenes Cottage [hier auf der Swyre Farm] keine bessere Lösung gefunden hast. Vielleicht hast du einfach zu sehr daran gehangen. Menschen wir du (und ich) können sich ein solches Verhaftetsein nicht wirklich erlauben. Er ist »ein eifersüchtiger Gott«!

Meine größte Priorität ist es, dass ich dich noch einmal sehe. Du begibst dich auf eine wichtige Mission, die von großer Tragweite ist. Zwar ist es so, dass diese mit deinem ebenso wichtigen persönlichen Vorankommen zusammenfällt, sie wird davon aber nicht im Geringsten in ihrer Größe und Wichtigkeit geschmälert. Wenn du glaubst, du seist jetzt ganz allein, dann ist das ein Fehler. Du bleibst mit mir verbunden, ob du dem zustimmst, es bejahst oder dich bereit erklärst – natürlich kannst du es ablehnen, verleugnen und mistrauen. Dies bleibt deine persönliche Wahl, zählt aber keinesfalls und ändert nichts an der Wahrheit der Sache.

Wie auch immer, am 27. werden wir über die Zukunft reden. Ich muss dir noch ein paar Anweisungen geben. Diese sollst du befolgen, so gut du kannst, aber bitte *nicht nach deinem Gutdünken.* Noch einmal: Vancouver gehört nicht dir allein; sei vorsichtig.

Ich freue mich, dich zu sehen.

Gott sei mit dir

AN RESHAD, 29. SEPTEMBER 1973*

ood-bye zu sagen, heißt, Gott sei mit dir. Das ist Er zwar immer, doch dies ist eine Erinnerung daran, dass man sich der Begleitung durch Ihn bewusst sein und alle seine Handlungen mit Seinem Wunsch in Einklang bringen soll. Mit anderen Worten, es ist eine Ermahnung, sich Seinem Willen anzuvertrauen, sodass jedes persönliche Lenken, Streben und Handeln in vollständiger Übereinstimmung mit Seinem Plan erfolgt.

Ein Beshara zu gründen, ist Teil Seines Plans, und wenn du dir das stets vor Augen hältst, wird Er dir dein Unterfangen erleichtern. Du wurdest dazu erwählt, Sein Werk für Ihn zu tun; sicher ist dir damit eine große Wohltat zuteilgeworden. Deine Rolle der Dankbarkeit liegt in diesem Fall darin, deine persönlichen Interessen den Seinen hintanzustellen, deine eigene Wahl in Übereinstimmung mit der Seinen zu treffen und deine persönlichen Beweggründe in vollständige Harmonie mit den Seinen zu bringen – dann sind dir leichter Erfolg und Sieg gewiss. Wie es bei jedem vollkommenen Triumph der Fall sein sollte, wird dieser dann Ihm, dir und Vancouver förderlich sein.

Sag den Menschen in Vancouver und Kanada, dass der Mensch, welcher ein vollständiges Abbild Gottes ist, wenn er sich dieser Tatsache bewusst ist, ewig mit Ihm – Dessen Abbild sie sind – verbunden ist. Sie wurden nicht als ein Haufen richtungslos umhergetriebener Roboter erschaffen, ohne Führung, verantwortungslos und ihrer Unechtheit überlassen, umhergeworfen von den Wogen des Schicksals, die der Konsequenz ihrer eigenen Handlungen entspringen – einer Konsequenz, deren Kontrolle ihren Händen entglitten ist. Ralph Waldo Emerson sagt: »Wehe dem, der sich vom Schicksal betrügen lässt.« Die Menschen jedoch nehmen dieses Schicksal, mit seiner Ebbe und seiner Flut, als Anlass zur Selbstzufriedenheit und sehen darin ein Geburtsrecht, das keinerlei

* Dies ist Bülents berühmter »Geleitbrief« an Reshad, mit dem er ihn zur Gründung weiterer Beshara-Zentren nach Amerika schickte. Mehr zu diesen Ereignissen findet sich in RESHAD FEILD: *Die letzte Schranke: Ich ging den Weg des Derwischs,* Xanten: Chalice Verlag, 2014, Seiten 200 ff.

29th Sept. 73

Dear Reshad,

To say Goodbye is to say God Be With You-He always is;but this is a reminder that one should be aware of His being with you and so harmonise all your actions with His Wish.In other words it is a reminder to fide oneself to His Will so that all personal direction,desire,and action is, in complete accordance with His plan.

To found a Beshara is a part of His plan and if you keep this always in mind He will make your undertaking easier for you.You have been chosen to do His work for Him; Surely this is a great Beneficence bestowed on you.Your part of Gratitude in this case is to see to it that your personal interest is only second to His,that your personal choice is consequent to His and that your personal impulses are in complete harmony with His-and then easy success and victory is yours.Like all perfect victories should be,it will then be beneficial to Him,to you,and to Vancouver.

Tell the people of Vancouver and Canada,that man who is the complete image of God is eternally linked to Him whose image they are in consciousness of this fact and they were not invented to be a lot of foot-loose and fancy-free robots unguided,irresponsible,and left to their guise to be tossed about by waves of a fate brought about as a consequence to their own action,a consequence the control of which has slipped their hands.Ralph Waldo Emerson says:"Woe unto him who suffers himself to be betrayed by fate."But mankind accepts this fate with its ebb and tide as an opportunity for self-satisfaction ~~as a birth right wit~~ as a birth-right, without any obligation in return. They forget that all right incorporates an obligation. To bring out this inherent obligation in being Man, is your job - difficult job which can only be resolved by a certain Knowledge which inevitably leads to Love. This is the knowledge of one-self. To know oneself is surely to know Him in who's image one is. For the image and the subject of that image to unite is fulfillment; and complete fulfillment is only possible in Love.

Tell them that if they come to you with reservations, with prejudices, with self-centered and self-protective pettiness and bigotry, it is better for them not to come to you, but to find a suitable confined form and dogma which will placate their self-righteousness. Because, our way is just the opposite of this, whereby we give up the self we have nurtured up to then, for a Universal Truth which is the Matrix of our true self. For those of us who have come on this way with you, we have discovered that ourselves will never again be satisfied, fulfilled, except through that reunion with the Universal Truth. If they want to give themselves up to this joy of realization, then lead them to come to Him - and this is why "God Speed" to you and "Goodbye"! Know that a part of all of us goes with you whereever you go, together with all our prayers for success in your undertaking, and Love which is mutually His and ours. May He in His all enfolding Compassion lend you Grace and ease your task for you and protect you. God be with you.

Bülent

Verpflichtung mit sich bringt. Sie vergessen, dass jedes Recht eine Pflicht einschließt. Dieses zum Menschsein gehörende Pflichtbewusstsein wachzurufen, ist deine Aufgabe – und sie ist schwierig. Sie kann nur mit einem bestimmten Wissen erfüllt werden, das unweigerlich zur Liebe führt. Es ist die Erkenntnis seiner selbst. Sich selbst zu kennen, heißt sicher, Ihn zu kennen, Dessen Abbild der Mensch ist. Denn Erfüllung bedeutet, das Abbild und den Gegenstand dieses Bildes zu vereinen; und vollständige Erfüllung ist nur in Liebe möglich.

Sag ihnen, dass, wenn sie mit Vorbehalten, mit Vorurteilen, mit egozentrischer und sich selbst schützender Engstirnigkeit und Bigotterie zu dir kommen, es besser für sie ist, wegzubleiben und geeignete beschränkte Formen und Dogmen zu finden, die ihrer Selbstgerechtigkeit schmeicheln. Denn unser Weg ist das genaue Gegenteil davon. Wir geben das Selbst, das wir genährt haben, für eine Universelle Wahrheit auf, welche die Matrix unseres wahren Selbsts ist. Denn diejenigen unter uns, die sich mit dir auf diesen Weg gemacht haben, haben entdeckt, dass unser Selbst nie wieder zufrieden und erfüllt sein kann, außer in jener Vereinigung mit der Universellen Wahrheit. Wenn sie sich dieser Freude oder Erkenntnis hingeben wollen, dann führe sie zu Ihm. Und daher: Gottes Glück auf deiner Reise und *good-bye.* Wisse, dass ein Teil von uns allen mit dir ist, wo immer du hingehst, zusammen mit all unseren Gebeten für ein Gelingen deines Unterfangens und aller Liebe, Seiner wie auch unserer. Möge Er dir in Seiner allumfassenden Barmherzigkeit Gnade verleihen, deine Aufgabe erleichtern und dich beschützen. Gott sei mit dir.

Bülent

117

Bibliografische Hinweise

BENNETT, JOHN G.: *Das Durchqueren des großen Wassers: Die Geschichte einer Suche – Autobiografie,* Xanten: Chalice Verlag, 2011.

BENNETT, JOHN G.: *Der grüne Drache: Das Herz der Sufi-Lehre,* Südergellersen: Verlag Bruno Martin, 1993; zu beziehen über den Chalice Verlag.

FEILD, RESHAD: *Atmen Sie, um Gottes Willen!,* Xanten: Chalice Verlag, 2013.

FEILD, RESHAD: *Gesammelte Werke,* drei Bände, Xanten: Chalice Verlag, 2016.

FEILD, RESHAD: *Die letzte Schranke – Ich ging den Weg des Derwischs,* Xanten: Chalice Verlag, 2014.

HIRTENSTEIN, STEPHEN: *Der grenzenlos Barmherzige: Das spirituelle Leben und Denken des Ibn ʿArabī,* Xanten: Chalice Verlag, 2008.

IBN ʿARABĪ, MUḤYĪDDĪN: *The Bezels of Wisdom,* translation and introduction by R.W.J. Austin, Mawah, NJ: Paulist Press, 1980.

IBN ʿARABĪ, MUḤYĪDDĪN: *Fuṣūṣ al-Ḥikam. Ismail Hakki Bursevi's Translation and Commentary.* Rendered into English by Bülent Rauf with the help of R. Brass and H. Tollemache. Vier Bände. Oxford und Istanbul: Muḥyīddīn Ibn ʿArabī Society, 1986, 1987, 1989 und 1991.

IBN ʿARABĪ, MUḤYĪDDĪN: *Die sieben Tage des Herzens – Awrād al-usbūʿ: Des größten Sufi-Meisters Morgen- und Abendgebete für jeden Tag der Woche,* herausgegeben von Pablo Beneito und Stephen Hirtenstein, Xanten: Chalice Verlag, 2020.

IBN ʿARABĪ, MUḤYĪDDĪN: *Der verborgene Schatz,* Zürich: Chalice Verlag, 2006.

IBN ʿARABĪ, MUḤYĪDDĪN: *Die Weisheit der Propheten,* Zürich: Chalice Verlag, 2005.

RAUF, BÜLENT: *Unterwegs in der Einheit des Seins – Gesammelte Schriften,* Xanten: Chalice Verlag, 2017.

Register

Bülent Rauf und Reshad Feild in der Türkei, ca. 1970

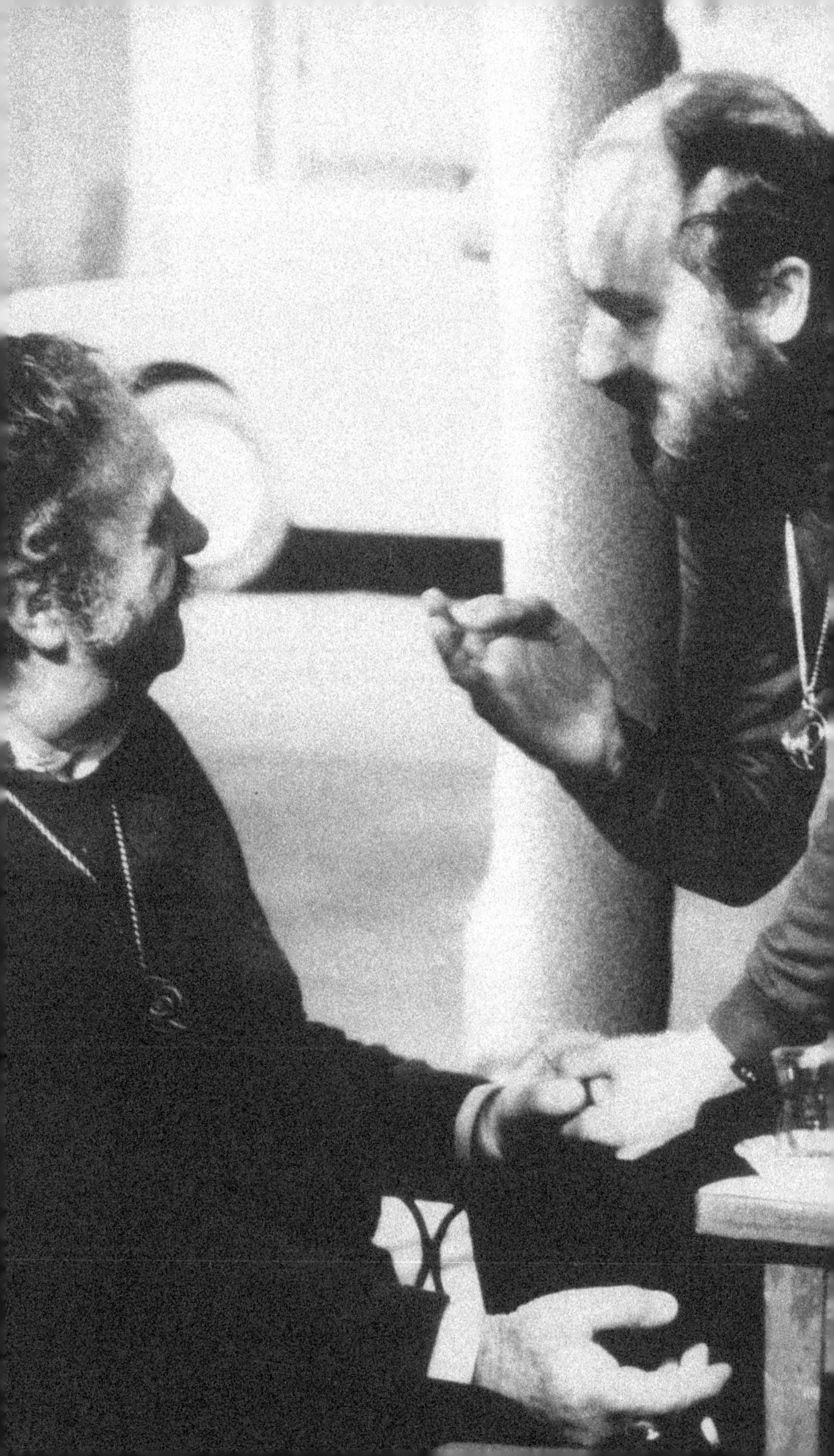

Beshara

www.beshara.org
www.besharamagazine.org
www.besharapublications.org.uk

Beshara ist ein Name für die Sichtweise, dass es nur ein einziges uferloses Dasein gibt, das sich selbst als ein Geschenk der Liebe unendlich ausdrückt, für die Erfahrung, dass von einem solchen vereinigenden Standpunkt aus Selbsterkenntnis zum Verstehen des Ganzen durch das Ganze führt, und für das Wissen, das im Herzen aller großen spirituellen und religiösen Traditionen liegt.

* * *

Im Vereinigten Königreich, wie im Westen im Allgemeinen, waren die 1960er-Jahre eine Zeit intensiver Infragestellung der herrschenden Ordnung. Viele Menschen begannen zu erkennen, dass es im Leben um mehr geht und es andere Wege gibt, als einfach nur die Gewohnheiten vorangegangener Generationen weiterzupflegen. Für einige bedeutete dies die Jugendrevolte; andere wurden inspiriert, nach einer offeneren Vision auf Basis von Liebe und Schönheit zu suchen. Die meisten von ihnen waren eher jünger, einige älter. Was damals als Beshara in Erscheinung trat, war Teil dieses kulturellen Umbruchs und führte schließlich zur Gründung einer Schule, die das Ziel verfolgt, den Grundsatz der Einheit des Daseins und dessen kulturelles Potenzial all denjenigen zu vermitteln, die daraus Nutzen zu ziehen vermögen.

Einen großen Beitrag zu diesem Prozess leistete Bülent Rauf. Er wurde 1911 in Istanbul geboren und erhielt nach einer traditionellen osmanischen Erziehung eine erstklassige westliche Ausbildung an den amerikanischen Universitäten von Cornell und Yale. Sein Interesse an innerer spiritueller Bildung erklärt sich aus seiner Familiengeschichte, die väterlicher- wie mütterlicherseits im Weltverständnis der Einheit des Seins wurzelte, wie sie die großen Mystiker des Nahen und Mittleren Ostens vertraten, allen voran Muḥyīddīn Ibn ʿArabī und Dschalāl ad-Dīn Rūmī. Bei seiner Ankunft in England Mitte der 60er-Jahre erkannte Bülent das Bedürfnis nach Impulsen durch neue Ideen und Einsichten, die bislang nur in einem kleinen Kreis von Mystikern und spirituellen Meistern zirkuliert hatten, als Teil einer allgemein zugänglichen Bildung.

Zur der Zeit waren in London verschiedene Gruppen aktiv, etwa jene um Pir Vilayat Inayat Khan (vom Internationalen Sufi-Orden im Westen) oder christliche Heilkreise. Große Wochenendzusammenkünfte wurden auch in Attingham Park in Shropshire von Sir George Trevelyan veranstaltet. Der Austausch und die Zusammenarbeit unter verschiedenen Gruppen nahm zu, und 1971 wurde auf der Swyre Farm in Gloucestershire ein Zentrum ins Leben gerufen und anfänglich von Reshad Feild geleitet, der Bülent Rauf einige Jahre zuvor kennengelernt hatte und auch ein Stellvertreter von Pir Vilayat war. Zu diesem Zweck wurde eine Stiftung gegründet, deren erster Vorsitzender der anglikanische Priester Peter Dewey wurde. Der Name »Beshara« wurde auf Rat von Bülent gewählt, der erkannt hatte, dass Wissen die Überschwänglichkeit einer Liebe zu fokussieren vermochte, die sich anderenfalls mit der Zeit zerstreuen würde, und der das Studium von Ibn ʿArabī, Rūmī und anderen einführte. Daraus entwickelte sich der Lehrplan der Schule.

Immer mehr Menschen aus aller Welt, auch aus den Vereinigten Staaten, besuchten nun die Swyre Farm und begannen ihr Studium zur Einheit des Seins. Nach einigen Jahren zeigte sich die Notwendigkeit, den Studienplan zu intensivieren, sodass sich die Grundlagen der Lehre stärker verankern ließen. Zu diesem Zweck erwarb die Stiftung in den Scottish Borders das heruntergekommene Anwesen Chisholme House, das teilweise renoviert und auf dem 1975 die Beshara School of Intensive Esoteric Education eröffnet wurde. Seither haben dort Hunderte von Menschen aus vielen Ländern Studienkurse absolviert und Freiwilligenarbeit geleistet.

Als 1976 die Zahl der Studienbewerber die Kapazitäten von Chisholme zu übersteigen begann, musste nach einem größeren Veranstaltungsort gesucht werden. Fündig wurde man im Anwesen Sherborne House, das in der Nähe der Swyre Farm lag und zuvor von John G. Bennett für seine eigenen Kurse genutzt worden war. Zwischen diesem und der Beshara-Stiftung bestanden gute Beziehungen; so hatte Bennett beispielsweise zwischen 1972 und 74 eine Reihe von Vorträgen in Swyre Farm gehalten, die später von Beshara Publications unter dem Titel *Intimations* in Buchform veröffentlich wurden.*

Eine enge Zusammenarbeit entstand auch mit einer von John G. Bennetts Studentinnen, der Oscar-nominierten australischen Schauspielerin Diane Cilento, die mit Hilfe von Bülent den Dokumentarfilm *Turning* produzierte und in der Folge in Queensland eine Beshara-Schule eröffnete. Viele Australier besuchten deren Kurse und reisten in den 1970er- und 80er-Jahren für weitere Studien nach Chisholme.

Im Laufe des ersten Sechsmonatskurses in Sherborne House erkannten Bülent und Grenville Collins den Bedarf für eine akademische Institution zur Förderung von Übersetzung und Verbreitung der Ideen Ibn ʿArabīs und gründeten in der Folge die Muḥyīddīn Ibn ʿArabī Society.

Gleichzeitig wurde ein zweiter Kurs entworfen mit den Schwerpunkten Konversation, Selbstverantwortung und Vertiefung des spirituellen Geschmacks, der für die innere Schulung wesentlich ist. Er wurde erstmals 1978 im inzwischen renovierten Chisholme House angeboten, und während einiger Jahre fanden diese beiden Sechsmonatskurse parallel statt.

Ebenfalls 1978 wurde die Swyre Farm aufgrund finanzieller Notwendigkeiten verkauft, und die Beshara-Stiftung konzentrierte ihre Aktivitäten viele Jahre über in Sherborne House sowie später, von 1988 bis 90, in Frilford Grange in Oxfordshire. In dieser Zeit hielten viele führende Wissenschaftler und Pädagogen Vorträge an der Schule und das *Beshara Magazine* erzielte hohe Auflagen. Als

* Auf Deutsch als: JOHN G. BENNETT: *Der grüne Drache*. Chalice Verlag.

später aufgrund erneuter finanzieller Engpässe das Gebäude in Filford verkauft und das Magazin vorübergehend eingestellt werden mussten, fanden die Veranstaltungen von Beshara wieder hauptsächlich in Chisholme House statt; die Kurse in Australien, den Vereinigten Staaten, Israel sowie in Indonesien wurden jedoch weitergeführt.

Nach dem Tod von Bülent im Jahr 1987 übernahm Peter Young die Funktion des Direktors in Chisholme und leitete bis zu seinem Ruhestand 2015 die Kurse der Beshara School. Während diesen beinahe drei Jahrzehnten wurden das Haus und das Anwesen weitestgehend renoviert und neue Kursangebote entwickelt.

Heute bieten eine Anzahl unabhängiger Gruppen und gemeinnütziger Organisationen, die von langjährigen Beshara-Studenten gegründet wurden, Kurse und Studiengruppen an vielen Orten auf der Welt an. Der Beshara Trust veranstaltet Kurse und Vorträge im Vereinigten Königreich und unterstützt gleichgesinnte Organisationen, die ihre Aktivitäten anzubieten bereit sind im Sinne von *beshara* – was nichts anderes bedeutet als »frohe Botschaft«.

Chisholme

www.chisholme.org

Chisholme ist für all jene Menschen da, die sich selbst grundsätzlich kennenlernen und die Wirklichkeit der Welt, in der wir leben, verstehen wollen. Der Leitgedanke dabei ist die essenzielle Einheit allen Daseins, eine ganzheitlich umfassende Sichtweise, die von keinen dogmatischen oder religiösen Überlegungen begrenzt ist. Dieses Verständnis, das allen großen Weisheitstraditionen zugrunde liegt, ist heute von ganz besonderer Wichtigkeit.

Das Chisholme Institute wurde 1979 auf einem schönen Anwesen aus dem achtzehnten Jahrhundert in den Scottish Borders, achtzig Kilometer südlich von Edinburgh, gegründet. Der Schwerpunkt seiner Tätigkeit liegt seither im Angebot eines Studiums der Kunst der Selbsterkenntnis für Studentinnen und Studenten aus aller Welt sowie in der Förderung eines erhöhten Bewusstseins für den wahren Wert unserer Verbindung zur Welt und zum Mitmenschen.

Die angebotenen Kurse und Einkehrtage adressieren Körper, Psyche und Geist in ausgeglichener, integrierter Weise durch Studienprogramme, Meditation, Arbeit und erbauliche Übungen. Jeder Tätigkeitsaspekt, vom Brotbacken bis hin zum Pflanzen von Bäumen, wird hier als Teil der Bildung betrachtet.

Chisholme bietet das ganze Jahr hindurch ein breites Angebot an Kursen und freut sich auch über Freiwillige, die im Haus, in den biologischen Nutzgärten oder auf dem achtzig Hektar großen Anwesen mitarbeiten möchten. Kurz- und Langzeitbesucher sind jederzeit willkommen.

Muḥyīddīn Ibn ʿArabī Society

www.ibnarabisociety.org
www.anqa.co.uk

Die Gesellschaft wurde 1977 unter anderem auf Initiative von Bülent Rauf mit dem Zweck gegründet, ein breiteres und besseres Verständnis des Werks von Muḥyīddīn Ibn ʿArabī und seinen Anhängern zu fördern. Sie ist eine unabhängige, nicht-gewinnorientierte internationale Vereinigung mit Hauptsitz im englischen Oxford und einer Zweigstelle in der Nähe von San Francisco, Kalifornien, steht allen an diesem Thema interessierten Menschen offen und hat heute Mitglieder in über vierzig Ländern, darunter viele der weltweit führenden Ibn-ʿArabī-Experten und -Gelehrten.

Zweimal jährlich publiziert die Gesellschaft ein Fachjournal mit kommentierten Neuübersetzungen von Texten Ibn-ʿArabīs, wissenschaftlichen Artikeln, Essays und Buchrezensionen, zu dessen Abonnenten mittlerweile auch zahlreiche Bibliotheken auf der ganzen Welt zählen. Sie organisiert jedes Jahr Symposien im Vereinigten Königreich und in den Vereinigten Staaten, an denen sich die Forschungsgemeinde wie auch anderweitig an Ibn ʿArabī Interessierte zum Austausch treffen.

In Oxford unterhält die Gesellschaft eine Fachbibliothek mit Werken in mehr als einem Dutzend Sprachen von und über Ibn

ʿArabī sowie mit einer einzigartigen Sammlung von Mikrofilm- und Digitalkopien historischer Manuskripte. Sie soll die wertvollen Quellen vor Verlust schützen und dient als Ausgangsbasis für die Publikation sorgfältiger Übersetzungen und Neuausgaben von Ibn ʿArabīs Texten.

Chalice Verlag

www.chalice.de

Der Chalice Verlag wurde 1994 in Luzern auf Initiative von Reshad Feild, dem langjährigen Weggefährten von Bülent Rauf, gegründet und ist heute in Xanten am Niederrhein ansässig. Er widmet sich der Publikation von wertvollen Texten aus verschiedenen spirituellen Traditionen in sorgfältig übersetzten und editierten Erst- und Neuausgaben, womit er den interreligiösen Dialog und das gegenseitige Verständnis der Kulturen der Welt zu fördern trachtet.

Einer seiner Programmschwerpunkte ist der Erhalt und die Pflege des schriftstellerischen Werks des Autors Reshad Feild (1934–2016). Der englische Mystiker gilt als einer der bedeutendsten spirituellen Lehrer der letzten Jahrzehnte im Westen. In den 1970er-Jahren beauftragt, die rituelle Zeremonie der drehenden Derwische (die 2005 in die UNESCO-Liste der Meisterwerke des mündlichen und immateriellen Erbes der Menschheit aufgenommen wurde) erstmals von der Türkei nach Amerika und Europa zu bringen und sie auch für Frauen und Nichtmuslime zu öffnen, vermittelte er in der Folge einen religionsneutralen, formlosen Zugang zur inneren Essenz spiritueller Lehren. Sein literarisches Schaffen umfasst rund zwanzig, in viele Sprachen übersetzte Werke, darunter den autobiografischen Bestseller *Die letzte Schranke* –

Ich ging den Weg des Derwischs, in der er unter anderem ein eindrückliches Portrait seines Lehrers Bülent Rauf zeichnet. Der Chalice Verlag hat es sich zur Aufgabe gemacht, die Schriften dieses wichtigen Autors in Druck zu halten. Englische Originaltexte von Reshad Feild werden unter dem Imprint Chalice Publishing vertrieben.

Darüber hinaus zählt der Chalice Verlag seit seiner Gründung zu den Pionieren der Publikation des andalusischen Mystikers und »Lehrers der Sufis« Muḥyīddīn Ibn 'Arabī (1165–1240) im deutschen Sprachraum. Die bisher bei Chalice erschienenen Bände mit grundlegenden Schlüsseltexten gehören noch immer zu den wenigen auf Deutsch verfügbaren Arbeiten aus dem immensen philosophisch-spirituellen Werk dieses undogmatischen Denkers mit seinem unschätzbaren Vermittlungspotenzial zwischen den Schwesterreligionen des Judentums, des Christentums und des Islams.

Einen weiteren Fokus legt der Chalice Verlag auf die sukzessive Neuausgabe des Gesamtwerks von John G. Bennett (1897–1974), dem englischen Wissenschaftler, Philosophen, spirituellen Lehrer und Exponenten des sogenannten Vierten Weges nach G.I. Gurdjieff, und publiziert dessen Bücher in vereinheitlichten beziehungsweise neu erstellten, sorgsam editierten deutschen Übersetzungen.

Der Chalice Verlag widmet seine Publikationen den ernsthaft nach der Wahrheit und der Einheit suchenden Menschen aus allen spirituellen Traditionen und Richtungen. Mögen unsere unterschiedlichen Wege, in gegenseitigem Respekt und Toleranz, uns alle zu der Einen Quelle führen.

Wie können wir auf der Suche nach Selbsterkenntnis das Einssein verwirklichen und uns der Einheit des Seins bewusst werden, wie sie insbesondere vom andalusischen Sufi Muḥyīddīn Ibn 'Arabī gelehrt wurde? Der türkische Mystiker Bülent Rauf (1911–1987), vielen Lesern bislang bekannt als die eindrückliche Figur »Hamid« aus dem autobiografischen Roman *Die letzte Schranke – Ich ging den Weg des Derwischs* von Reshad Feild, widmete Jahrzehnte seines Lebens der theoretischen Auslegung und praktischen Vermittlung dieses Wissens. Die von ihm 1975 gegründete Beshara-Schule für intensive esoterische Erziehung in Schottland haben seither Hunderte von Menschen aus aller Welt besucht, um durch gemeinsames Studium und ganzheitliche Zusammenarbeit auf diesem formlosen, nicht religionsgebundenen Erkenntnisweg voranzukommen. Seine hier erstmals auf Deutsch vorliegenden Schriften versammeln erhellende Studientexte zu Grundfragen des Sufismus ebenso wie Interviews und Artikel rund um die Themen gelebte Spiritualität und Selbstvervollkommnung. Weitere autobiografische, historische und kulinarische Texte entführen uns in Bülent Raufs Jugendjahre in Istanbul und Ägypten kurz vor dem Untergang des Osmanischen Reiches, in die Blütezeit des Sufismus in Indien sowie in die türkische Küche, deren Geheimnisse dieser weise Gelehrte, der auch ein begnadeter Koch war, kenntnisreich und unterhaltsam zu schildern versteht.

ISBN 978-3-942914-23-9
216 Seiten

Ein Schatz tiefer Einsichten aus spiritueller Perspektive in das große Mysterium des Atems. Inspirierende Vorträge, praktische Übungsanleitungen und eine Auswahl poetischer Texte aus unterschiedlichsten Traditionen laden uns ein, den Atem als Wunder auf vielen Ebenen zu erforschen.

Was ist dieser Atem? Welche Bedeutung liegt in diesem Leben spendenden Geheimnis? Wie wichtig ist das bewusste Atmen für echte spirituelle Transformation? Was sagt uns die Tatsache, dass unser Leben all seine Möglichkeiten zwischen einem Einatmen und einem Ausatmen entfaltet? Wie hängt das alles mit dem Rhythmus des Universums und der Zeit zusammen? Welche Rolle spielt der Atem im »Werden des Seins« aus dem immerwährenden »Schoß des Augenblicks«? Wie können wir Nahrung einatmen und sie ins alchimistische Exilier destillieren, das wir für die nachhaltige Verwandlung unseres Lebens brauchen? Wie können wir ausatmen, um die Atmosphäre in einem Raum oder in einer Situation zu verändern, in Verantwortung für unsere Mitmenschen und für die »kommende Welt«? Was könnte es bedeuten, dass Jesus »auf dem Wasser wandelte« und dass »Atem und Geist eins sind«? Welches ist die innere spirituelle Beziehung zwischen Maria, Jesus, dem Geist Gottes, *rūḥ Allāh,* und Christus?

Vor dem Hintergrund seines lebenslangen Studiums der inneren Essenz der Sufi-Lehren liefert uns der Autor Gedankenanstöße und praktische Tipps zur Atemarbeit in unserem Alltag.

ISBN 978-3-942914-09-3
172 Seiten

In dieser packend erzählten Geschichte begleiten wir einen jungen Engländer auf seiner abenteuerlichen Suche nach der wirklichen Bedeutung des Lebens und den allerletzten Wahrheiten. Unter der Führung des geheimnisvollen Antiquitätenhändlers Hamid, der sich im Laufe dieses ›metaphysischen Roadmovies‹ als ein strenger spiritueller Lehrer entpuppt, entwickelt sich Reshads Interesse an den Derwischen des Mittleren Ostens zu einer äußeren wie inneren Entdeckungsreise zu heiligen Stätten, weisen Menschen und tiefen Einsichten in die Wirklichkeit unserer Welt. Unter härtesten Prüfungen, die sein westliches Denken erschüttern, wird er in die inneren Lehren des Sufismus eingeführt und mit den Geheimnissen des Atems, der spirituellen Bedeutung der Jungfrau Maria und den gemeinsamen Wurzeln der jüdischen, christlichen und islamischen Traditionen vertraut gemacht. Schritt für Schritt beginnt er, die Heiligkeit allen Lebens zu verstehen, und erfährt die Liebe als die Erste Ursache der Schöpfung, bevor ihm schließlich die Erkenntnis der Einheit des Seins gewährt wird.

Ein echter Klassiker der modernen spirituellen Literatur und eines der großen autobiografischen Zeitzeugnisse mystischer Sinnsuche, das in den letzten vierzig Jahren weltweit Hunderttausende von Leserinnen und Lesern beeindruckt hat.

»Eine eloquente Orchestrierung von sehr hoher Kreativität.«

Literaturbeilage der Times

ISBN 978-3-942914-11-6
216 Seiten

Im spirituellen Schrifttum des Islams stellt die *Abhandlung über die Liebe* einen Höhepunkt dar; sie ist im Ganzen wie im Detail ein vollendetes Meisterwerk. Alles, was vor Ibn ʿArabī zu diesem, insbesondere für das innere Verständnis des Korans so zentralen Thema gesagt wurde, fasst der »größte Meister« hier zusammen, geht aber noch weit darüber hinaus. Kein spiritueller Lehrer hat seither derart ursprüngliche, wirklichkeitsgetreue, tiefgründige und vollständige Sichtweisen auf das Wesen und die Essenz der Liebe dargestellt. Im hier zum ersten Mal auf Deutsch vorliegenden Kapitel 178 seiner umfangreichen *Futūḥāt al-Makkiyya* oder *Mekkanischen Eröffnungen* beleuchtet der »Lehrer der Sufis« alle Formen der Liebe, die natürliche oder physische, die spirituelle und die Göttliche. Die falsche, im Westen – heutzutage wie auch in der Vergangenheit – verbreitete Meinung, der Islam sei lediglich eine Religion der Strenge und formaler Vorschriften, in der Göttliche Transzendenz alles derart aufsauge, dass ein menschliches Wesen nicht einmal mehr an der Liebe teilhaben könne, wird hier mit großer Einblickskraft in die tiefsten Zusammenhänge und in poetischer Sprache richtiggestellt.

ISBN 978-3-905272-74-1
280 Seiten

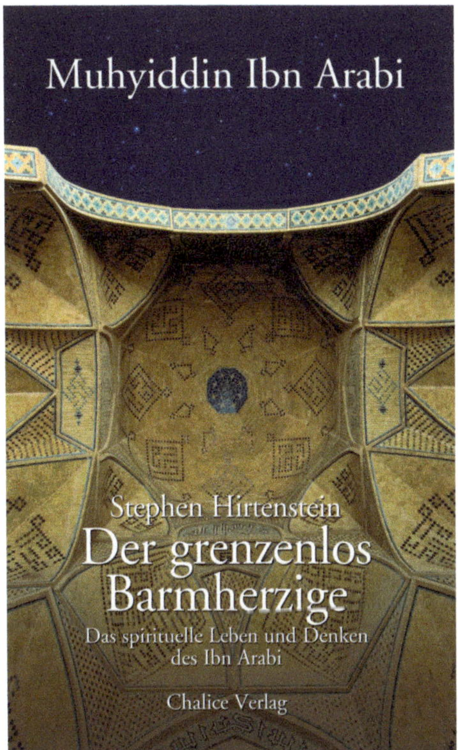

Warum wird Mohammed »Siegel der Propheten« genannt? Was ist die spirituelle Bedeutung von Jesus? Worin besteht die Verbindung der Heiligen und Gesandten aller Völker im Licht der absoluten Einheit aller Existenz? Dies sind nur einige der Fragen, die Muḥyīddīn Ibn ʿArabī mit seiner visionären Einsicht und einzigartigen Darstellungskraft beantwortet. Bekannt als der *shaykh al-akbar,* der »größte Meister«, gilt der andalusische Sufi für viele als einer der bedeutendsten Mystiker und Denker in der Geschichte des Islams. Die Wirkung seines enormen Lebenswerks auf Philosophie, Theologie und die Entwicklung der islamischen Spiritualität hallt noch heute unüberhörbar nach. Der in Murcia geborene und in Damaskus begrabene Ibn ʿArabī vereint wie niemand vor oder nach ihm die Weisheiten des Westens und des Ostens in einem ganzheitlichen Bild des Menschen als Krönung einer auf Liebe und Barmherzigkeit beruhenden Schöpfung. Sein tiefes Verständnis der gemeinsamen Wurzeln der abrahamitischen Religionen und der vielfältigen Berührungspunkte ihrer Propheten Moses, Jesus und Mohammed birgt ein unschätzbares Potenzial für den interkulturellen Dialog und die zwischenreligiöse Verständigung. Das vorliegende Buch füllt eine Lücke in der deutschsprachigen Literatur über diesen epochalen Mystiker. Mit ausführlichen Zitaten, luzider Darlegung seiner Grundgedanken und reichem Fotomaterial ist Stephen Hirtenstein ein biografisches Meisterwerk gelungen.

ISBN 978-3-905272-79-6
420 Seiten

Dieser Band vereinigt drei grundlegende Texte, die einen Einstieg erlauben in die universelle Schau und das tiefe Verstehen des andalusischen Mystikers Ibn 'Arabī, dessen Titel wie »größter Meister«, »Pol des Wissens« oder »Doktor Maximus« von seiner außerordentlichen, noch heute verbreiteten Anerkennung in Ost und West zeugen. Wie kein zweiter Sufi vor oder nach ihm, lehrte er mit großer Klarheit der Vision die Einheit des Seins und die Wege Göttlicher Selbstoffenbarung. Seine Existenzphilosophie erklärt auch den berühmten Hadith des Propheten Mohammed, in welchem Gott sagt: »Ich war ein verborgener Schatz und liebte es, erkannt zu werden; also erschuf Ich die Welt, auf dass Ich erkannt werde.«

Die vorliegende Sammlung beinhaltet (1) das Traktat *Der innerste Kern,* das *Lubbul lubb,* die von Ismail Hakki Bursevi (1653–1725), einem der bedeutendsten Schüler Ibn 'Arabīs, übertragene und kommentierte, gut verständliche Zusammenfassung der komplexen Grundlehren des »größten Scheichs«. Weiter umfasst der Band (2) die sogenannten *Neunundzwanzig Seiten,* eine klassische Einführung in das Studium Ibn 'Arabīs, sowie (3) einen wichtigen Schlüsseltext zum Thema Selbsterkenntnis: Ibn 'Arabīs Kommentar über die Aussage des Propheten »Wer sich selbst kennt, kennt seinen Herrn« aus seiner *Abhandlung vom Sein,* dem *Risālat al-wudschūdiyya.*

ISBN 978-3-905272-72-7
152 Seiten

Die Weisheit der Propheten (Fuṣūṣ al-ḥikam) ist eines der populärsten Werke von Muḥyīddīn Ibn 'Arabī und handelt von der einen grenzenlosen Weisheit, die gleichzeitig einzigartig in sich selbst ist und vielgestaltig in ihrer Verkörperung durch die Linie der Propheten: von »der Göttlichen Weisheit im Wort Adams« über »die Weisheit selbstverlorener Liebe im Wort Abrahams«, »die erhabene Weisheit im Wort von Moses« und »die Weisheit der Weissagung im Wort von Jesus« bis hin zur »Weisheit der Einzigartigkeit im Wort von Mohammed«. Dieses außergewöhnliche Werk ist ebenso eine Darlegung der innersten Bedeutung der Existenz des Menschen und seiner Fähigkeit zur Vervollkommnung wie auch eine spirituelle Auslegung des Korans und wirft ein erhellendes Licht auf die gemeinsame innere Essenz aller drei abrahamitischen Religionen. Es vermittelt eine Botschaft, der gerade in Zeiten aufkeimender religiöser Intoleranz und fundamentalistischer Verblendung ein unschätzbares Potenzial für die interkulturelle Verständigung innewohnt.

»Auf diese Weise verlangte die Göttliche Ordnung nach der Klärung des Spiegels der Welt; und Adam wurde zur Klarheit dieses Spiegels und zum Geiste dieser Form selbst [...] und wurde ›Mensch‹ und ›Stellvertreter Gottes‹ genannt.«

ISBN 978-3-905272-71-0
178 Seiten

»Komm, komm, wer immer du bist...« Das Lebenswerk von Dschalāl ad-Dīn Rūmī (1207–1273), des wohl bekanntesten Vertreters des Sufismus und, neben Hafis, bedeutendsten Dichters persischer Sprache, ist eine Verstand und Herz ergreifende Einladung, die vielfarbige Schönheit und spirituelle Tiefe der islamischen Mystik kennenzulernen. Ob in seinem berühmten Lehrgedicht *Masnawī,* in seinen philosophisch-theosophischen Prosaschriften oder in der auf ihn zurückgehenden Drehtanz-Zeremonie der Mevlevi-Derwische – Rūmīs unerschöpfliche Kreativität ist ein permanentes Umkreisen des Geheimnisses von Gott, dem Geliebten und der Liebe. Wie nachhaltig sein Wirken konfessionelle Schranken und kulturelle Epochen überwand, demonstrieren die Tausenden von Trauernden aus allen Religionsgemeinschaften, die bei der Beisetzung im türkischen Konya an seinem Sarg vorüberzogen, wie auch die Tatsache, dass er noch heute als einer der meistgelesenen Poeten in den Vereinigten Staaten gilt. In dieser exzellenten Biografie zeichnet die renommierte Sufismus-Kennerin ein überzeugendes Bild von Leben und Werk des großen Mystikers und seiner historischen, politischen, kulturellen und theologischen Hintergründe. Sie lässt uns eintauchen in seine Liebes- und Glaubenseinsichten, die sie mit einer exquisiten Auswahl seiner wundervollen Texte illustriert. Entzückt lauschen wir Rūmīs Sehnsuchtsmelodien nach der Einheit und lassen uns in den Bann seiner Gottesfreude ziehen.

ISBN 978-3-942914-19-2
228 Seiten

»Das gesamte *Masnawī* endlich auf Deutsch in Versform – eines der wichtigsten Werke in der Geschichte der religiösen Literatur.«

Navid Kermani
Friedenspreisträger des Deutschen Buchhandels

❧

Das *Masnawī* des großen persischen Dichters Dschalāl ad-Dīn Rūmī zählt nicht nur zu den Schlüsselwerken des Sufismus und den hellsten Glanzlichtern orientalischer Lyrik und islamischer Poesie, es gehört ebenso zu den bedeutendsten Werken der Weltliteratur und hat über Jahrhunderte hinweg Bewunderung in allen Kulturkreisen gefunden. Die hier in einer zweibändigen Gesamtausgabe von insgesamt über 1500 Seiten vorliegende kongeniale Übertragung aus dem persischen Original ist die erste deutsche Versübersetzung des *Masnawī* mit seinen sechs Büchern zu je rund viertausend Doppelversen und ist vollständig in Blankversen gehalten, der in der deutschen wie auch in der englischen Literatur klassischen reimlosen Versform.

»Wenn es je einen inspirierten Dichter unter den Muslimen gegeben hat, so war es gewisslich Rūmī. Er soll seine Verse größtenteils in einer Art Verzückung diktiert haben. Seine Bildersprache spiegelt die gesamte Bildungswelt seiner Zeit. Man ist immer wieder überrascht, wie frisch und lebendig die Dialoge wirken.«

Annemarie Schimmel
Friedenspreisträgerin des Deutschen Buchhandels

978-3-942914-51-2	978-3-942914-52-9
760 Seiten	ca. 800 Seiten

Die fesselnd geschriebene und reich illustrierte Lebensgeschichte des kompromisslosen Sinnsuchers, inspirierenden Denkers und kreativen Wissenschaftlers John G. Bennett zeichnet ein spannendes Historienbild der spirituellen Strömungen des zwanzigsten Jahrhunderts. Nach einem prägenden Nahtoderlebnis im Ersten Weltkrieg lernt »JGB« bereits als junger Leiter des britischen Geheimdienstes in Istanbul, am Brennpunkt zwischen Ost und West, den Sufismus kennen sowie seine späteren Lehrer P.D. und Madame Ouspensky und den rätselhaft genialen G.I. Gurdjieff. Auch während seiner weiteren beruflichen Karriere – als Rechtsvertreter der osmanischen Sultanserben, als Mathematiker an der einheitlichen Feldtheorie, als Forscher in der Kohleindustrie und als innovativer Bildungsreformer – sucht Bennett unerschrocken weiter und fragt intelligent und respektvoll, mit universaler Bildung und gesundem Menschenverstand nach der gemeinsamen innersten Wahrheit aller Religionen. Seine jahrzehntelange Lehrtätigkeit und seine bahnbrechenden Schriften beeinflussen Tausende sinnsuchender Menschen und machen östliche Meister wie Pak Subuh, Shivapuri Baba, Idries Shah und Hasan Şuşud im Westen bekannt. Schließlich findet Bennett, am Ende seines hier mit beeindruckender Ehrlichkeit bilanzierten Lebens, den Weg zur absoluten Befreiung.

ISBN 978-3-942914-02-4
525 Seiten

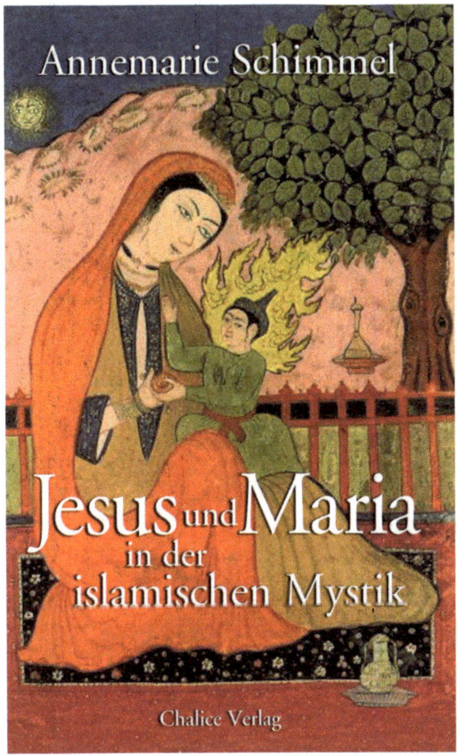

Nur wenige Christen wissen, dass Jesus in 15 Suren und 93 Versen des Korans erwähnt wird und Maria gar die einzige darin namentlich genannte Frau ist. Jesus gilt im Islam als der letzte Prophet vor Mohammed und als ein großer Gesandter, ja sogar als »Geist und Wort Gottes«. Auch wenn sie die christliche Vorstellung der Gottessohnschaft nicht teilen können und die Geschichte der Kreuzigung anders erzählen, bezeugen viele Muslime, so wie es auch Mohammed getan hat, ihren großen Respekt vor der Jungfrau Maria und ihrem Sohn Jesus, der nach islamischem Verständnis am Jüngsten Tag wiederkehren, den Antichristen besiegen und die Menschen zum wahren Glauben führen wird. Dabei eröffnen die insbesondere im Sufismus verbreiteten, höchst interessanten Interpretationen der Verkündigung, der Empfängnis und der Geburt Jesu, seiner Wundertätigkeit und seiner Funktion und Bedeutung als *Rūḥ Allāh* überraschende Einblicke, die für manchen Christen sehr inspirierend sein dürften. Die weltbekannte Orientalistin Annemarie Schimmel präsentiert hier die religiösen, volkstümlichen und literarischen Bilder und Erzählungen der islamischen Welt über Jesus und Maria in einer umfassenden Darstellung und mit einer großen Auswahl wundervoll übersetzter und lehrreich kommentierter Textstellen. Damit veranschaulicht sie, von welch immenser Bedeutung diese beiden zentralen Gestalten für einen verständnisvollen und fruchtbaren christlich-islamischen Dialog sind.

ISBN 978-3-942914-30-7
164 Seiten

»In meines Vaters Haus sind viele Wohnungen.« Eine Entdeckungsreise durch alle Reiche der Schöpfung, von denen jedes eine besondere Aufgabe im Prozess der Selbsterkenntnis Gottes hat. Zentral ist dabei jener Ort, »wo sich die beiden Meere treffen«: die Welt des Imaginativen zwischen dem Sichtbaren und dem Unsichtbaren, wo sich ein wunderbarer Austausch abspielt. Um dem Sinn unseres Daseins und unserer Verantwortung – als Individuen und als Gemeinschaft – im Rahmen der Evolution gerecht zu werden, müssen wir die Funktion des imaginativen Reichs als Teil der Wirklichkeit verstehen lernen. Das Organ, das uns dazu befähigt, ist das menschliche Herz, dessen Spiegel wir durch die Läuterung unseres Lebenswandels polieren. Und das Gefährt, das uns über diese imaginative Wasserscheide hinaustragen kann, ist die menschliche Seele, die wir uns in diesem irdischen Leben erarbeiten und kräftigen müssen. Auf Basis von non-dualem metaphysischem Kartenmaterial (aus Christentum, Sufismus und den Lehren Gurdjieffs, Teilhard de Chardins und Ken Wilbers) erläutert die Autorin das Wesen des Imaginativen, das mit dem Auge des Herzens gut sichtbar und den mystischen Traditionen bestens vertraut ist. Dabei zeigt sie auf, wie wir unser Herz öffnen und einstimmen können auf die höheren Welten, durch die sich die erhabene Schönheit Gottes ausdrückt in unserer kostbaren Besonderheit als menschliche Individuen wie auch in unserer gegenseitigen Verbundenheit.

ISBN 978-3-942914-48-2
228 Seiten

Wenn Sie all das, was Sie über Jesus zu wissen *glauben,* beiseitelegen und die Evangelien lesen, als wäre es das erste Mal, geschieht Bemerkenswertes: Jesus begegnet Ihnen als ein Meister der Weisheit, der eine Transformation von Herz und Bewusstsein lehrt, welche die Kraft hat, unser Leben vollständig zu verwandeln. Cynthia Bourgeault, die episkopale anglikanische Priesterin und Kontemplationslehrerin, bietet eine mystisch inspirierte und wissenschaftlich fundierte Neubetrachtung der Frohen Botschaft Christi: eine exzellente Auslegung der glänzenden Vision des Jesus von Nazareth, die mutig aufräumt mit den überkommenen Dogmen einer patriarchalischen und paternalistischen Theologie und die innere Bedeutung der christlichen Mysterien frisch und intelligent beleuchtet. Unter Einbezug der jüngsten Erkenntnisse der Bibelforschung, neuer Quellen wie der Evangelien des Thomas und der Maria Magdalena sowie von spirituellen Einsichten auch aus anderen Weisheitstraditionen erklärt die Autorin mit viel Esprit und einer guten Prise Humor, wie wir die Worte und Gleichnisse Jesu über den Verstand in unser Herz bringen und sie in unserem Alltagsleben aufblühen lassen können. In einem großen Praxisteil gibt sie zusätzlich wertvolle Anleitungen aus ihrer jahrelangen Erfahrung mit Übungen wie dem zentrierenden Gebet oder dem Gebet der Sammlung, der Textmeditation der *lectio Divina* sowie der »Willkommensübung« und dem Chanten oder Singen von heiligen Texten wie den Psalmen.

ISBN 978-3-942914-44-4
260 Seiten